SPRICH MAL DEUTSCH!

P. 47

Sprich mal Deutsch!

I

BY

W. ROWLINSON

Lecturer in Education,
Sheffield University

OXFORD UNIVERSITY PRESS

Oxford University Press, Walton Street, Oxford OX2 6DP

OXFORD LONDON GLASGOW NEW YORK
TORONTO MELBOURNE WELLINGTON CAPE TOWN
IBADAN NAIROBI DAR ES SALAAM LUSAKA ADDIS ABABA
KUALA LUMPUR SINGAPORE JAKARTA HONG KONG TOKYO
DELHI BOMBAY CALCUTTA MADRAS KARACHI

Illustrations drawn by
PHYLLIDA LEGG

The publishers would like to thank the
Embassy of the Federal Republic of Germany
for their help in supplying picture reference
material for this book

First published 1967
Printed (with corrections) 1968, 1969, 1970, 1971
1973, 1974, 1975, 1977

Printed in Great Britain
at the University Press, Oxford
by Vivian Ridler
Printer to the University

PREFACE

This three-book course aims to teach the skills of understanding, speaking, reading and writing German, in that order, to twelve- to fourteen-year-old beginners. The three books cover an 'O' level syllabus; books I and II will take a pupil to C.S.E. It is not felt that at this age, with what is probably a second foreign language, a lengthy period of purely oral work is necessary, provided that all new material is thoroughly mastered orally before its written form is disclosed. The following approach is therefore suggested.

Material is presented in three ways: first, vocabulary in relation to a picture; second, the same vocabulary used in various contexts involving the grammatical structures covered in the lesson or involving cultural background; third, the vocabulary and structures used again in a continuous context linked to pictures.

It is suggested that the *Bildvokabeln* be presented first, by teacher or tape plus teacher, the pupils covering the page of their book opposite the pictures. After the new vocabulary has been thoroughly learned by oral contextual work related to the pictures, the pupils should uncover the text as far as the vertical line and the vocabulary should be reworked with its written form in view. The same process should be repeated with the material to the right of the vertical line.

When this has been done the *Bildergeschichte* can be presented, the pupils once again covering the text and relating story to pictures, and material again being thoroughly worked through orally before its written form is disclosed.

The grammar notes which follow the *Bildergeschichte* have purposely been kept as simple and non-technical as possible. They are not meant to be exhaustive, but merely to throw light on the main points of grammar occurring in the lesson. The exercises are simple and direct. Many of them can be developed as drills and all aim at comprehension and consolidation of structures and vocabulary covered.

The texts contain a great deal of conversation, and the dialogues at the end of each lesson are intended to supplement this, as well as to provide more practice in the structures that the lesson is dealing with.

Each fifth lesson brings together and consolidates the grammar covered in the previous four, and the exercises which follow include more traditional ones, including retranslation, for those who feel the need of them. Others may perhaps wish to omit the grammar lessons entirely.

The vocabulary used is modern and wide-ranging; it includes many homonyms and a fair part of it is meant to be passive.

The course aims above all to be lively and stimulating, encouraging the pupil's interest in Germany and at the same time teaching him to understand and communicate in German.

The author wishes to thank Dr. Peter Wiehl of Bochum for his help with the manuscript, and various long-suffering forms at Welwyn Garden City Grammar School for acting as guinea-pigs for this course.

CONTENTS

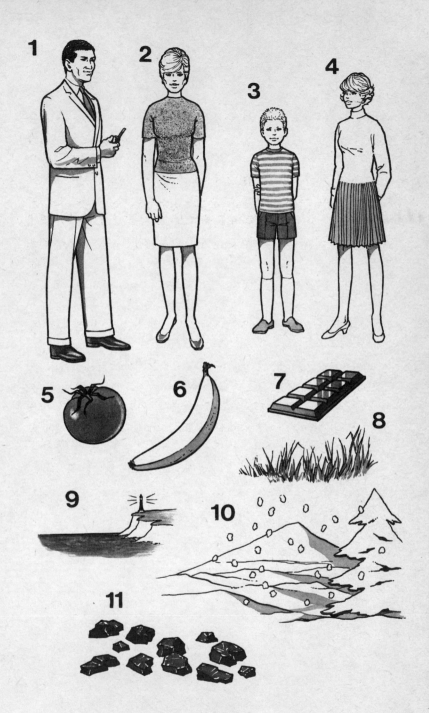

ERSTE LEKTION

BILDVOKABELN

1. Das ist ein Mann.	Ist das ein Mann? Ja, das ist ein Mann.
2. Das ist eine Frau.	Ist das ein Mann? Nein, das ist eine Frau.
3. Das ist ein Junge.	Ist das ein Junge? Ja, das ist ein Junge.
4. Das ist ein Mädchen.	Ist das der Junge? Nein, das ist das Mädchen.
5. Das ist eine Tomate.	Was ist das? Das ist eine Tomate. Die Tomate ist rot.
6. Das ist eine Banane.	Was ist das? Das ist eine Banane. Die Banane ist gelb.
7. Das ist Schokolade.	Was ist das? Das ist Schokolade. Die Schokolade ist braun.
8. Das ist Gras.	Ist das Gras rot? Nein, das Gras ist grün.
9. Das ist die See.	Ist die See gelb? Nein, die See ist blau.
10. Das ist der Schnee.	Ist der Schnee weiß? Ja, der Schnee ist weiß.
11. Das ist die Kohle.	Ist die Kohle schwarz? Ja, die Kohle ist schwarz.

GRAMMAR NOTES

1.
ein Mann	eine Frau	ein Mädchen
der Mann	die Frau	das Mädchen

German nouns have three genders: masculine, feminine and neuter. The word for *the* has three forms to correspond to these three genders:

der, die, das.

The word for *a* only has two:

ein, eine, ein.

Nouns referring to males and females usually have the corresponding genders (but not always — *das* Mädchen, *the girl*). Nouns referring to things may be any gender. Always learn the gender with the noun: not **Schnee**, but **der Schnee.**

2. All German nouns are written with a capital letter.

3. To form a question, subject and verb are simply reversed:
Das Gras ist grün — Ist das Gras grün?

1. **Ergänzen Sie** (*complete*):
   1. Das Gras ist....
      — Das Gras ist grün.
   2. Die Schokolade ist....
   3. Eine Banane ist....
   4. Der Schnee ist....
   5. Die Kohle ist....
   6. Eine Tomate ist....
   7. Die See ist....
   8. Ist der Schnee....? Ja!
   9. Ist die Schokolade....? Ja!
   10. Ist eine Banane....? Nein!

2. **Verbessern Sie** (*correct*):
   1. Die Kohle ist weiß.
      — Die Kohle ist s......
   2. Die Schokolade ist grün.
   3. Eine Tomate ist blau.
   4. Der Mann ist schwarz.
   5. Eine Banane ist rot.
   6. Der Schnee ist gelb.
   7. Die See ist braun.
   8. Das Mädchen ist blau.
   9. Das Gras ist schwarz.
   10. Der Junge ist grün.

3. Beantworten Sie (*answer*):

1. Ist das eine Tomate?
      — Nein, das ist eine B....

2.  Ist das ein Junge?

3. Ist das ein Mädchen?

4. Ist das Schokolade?

5. Ist das die Kohle?

6. Ist das eine Banane?

7. Ist das die See?

8.  Ist das eine Frau?

9. Ist das der Schnee?

10. Ist das Gras?

4. Hier sind Antworten. Stellen Sie die Fragen (*these are answers — ask the questions*):

1. Ja, das ist ein Junge.
      — Ist das e.... J....?
2. Nein, die See ist blau.
3. Ja, die Schokolade ist braun.
4. Ja, das ist eine Frau.
5. Das ist eine Tomate.
6. Nein, eine Banane ist gelb.
7. Ja, der Schnee ist weiß.
8. Nein, das Gras ist grün.
9. Ja, das ist die Kohle.
10. Das ist der Mann.

ZWEITE LEKTION

BILDVOKABELN

1. Das ist ein Haus.	Was ist das? Das ist ein Haus.
2. Das ist ein Auto.	Was ist das? Ist das ein Haus? Nein, das ist ein Auto.
3. Das ist ein Rad.	Was ist das? Das ist ein Haus, ja? Nein, das ist ein Rad. Ist das ein Rad? Ja, das ist ein Rad.
4. Das ist ein Laden.	Ist das ein Laden? Ja, das ist ein Laden. Ist das ein Haus? Nein, das ist ein Laden.
5. Das ist ein Lieferwagen.	Das ist ein Rad, ja? Nein, das ist ein Lieferwagen.
6. Das ist ein Bett.	Ist das ein Haus? Nein, das ist kein Haus, das ist ein Bett.
7. Das ist ein Tisch.	Ist das ein Tisch? Ja, das ist ein Tisch. Ist das ein Bett? Nein, das ist kein Bett, das ist ein Tisch.
8. Das ist ein Fenster.	Das ist ein Fenster, nicht wahr? Ja, das ist ein Fenster. Das ist kein Tisch, nicht wahr? Nein, das ist kein Tisch.
9. Das ist ein Schrank.	Das ist ein Schrank, nicht wahr? Ja, das ist ein Schrank. Ist das ein Fenster? Nein, das ist ein Schrank und kein Fenster.
10. Das ist eine Uhr.	Das ist ein Bett, nicht wahr? Nein, das ist kein Bett, das ist eine Uhr. Ach ja, das ist eine Uhr.
11. Das ist ein Herd.	Das ist kein Rad, nicht wahr? Nein, das ist kein Rad, das ist ein Herd.
12. Das ist ein Topf.	Was ist das? Das ist eine Uhr, nicht wahr? Aber nein, das ist ein Topf.
13. Das ist eine Katze.	Ist das eine Katze? Ja, und die Katze ist groß.
14. Das ist eine Flasche.	Ist die Flasche voll? Nein, die Flasche ist leer.
15. Das ist ein Teller.	Das ist ein Topf, nicht wahr? Nein, das ist kein Topf, das ist ein Teller.

1

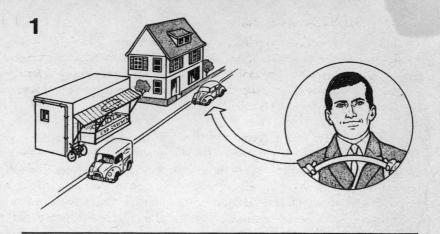

2

3

Straße, Schlafzimmer, Küche

1. Das ist eine Straße. Vor dem Haus ist ein Auto. Das Auto steht hinter dem Lieferwagen. Der Lieferwagen steht vor einem Laden. Ein Rad steht auch vor dem Laden. Das Rad steht zwischen dem Laden und dem Lieferwagen. Der Laden ist neben dem Haus. Der Lieferwagen steht vor dem Auto.

   Das ist Herr Ehlers. Herr Ehlers ist in dem Auto.

---

2. Das ist ein Schlafzimmer. Links von dem Bett steht ein Tisch. Eine Lampe steht auch links von dem Bett. Die Lampe steht auf dem Tisch. Eine Uhr steht auch auf dem Tisch. Rechts von dem Bett ist ein Fenster. Unter dem Fenster steht ein Stuhl. Der Stuhl steht auch rechts von dem Bett. Neben dem Stuhl steht ein Kleiderschrank. Der Kleiderschrank steht rechts von dem Stuhl. Der Kleiderschrank steht auch rechts von dem Fenster. In dem Kleiderschrank ist ein Mantel.

   Das ist Hans Ehlers. Hans ist in dem Bett.

---

3. Das ist eine Küche. Auf dem Tisch steht ein Glas. Neben dem Glas steht eine Flasche. Die Flasche ist leer. Über dem Tisch ist ein Schrank. In dem Schrank steht ein Teller. Über dem Teller in dem Schrank steht eine Tasse. Rechts von dem Schrank ist ein Fenster. Unter dem Fenster steht ein Herd. Auf dem Herd steht ein Topf. Links von dem Herd steht der Tisch. Unter dem Tisch ist eine Katze. Auf dem Fensterbrett steht ein Blumentopf.

   Das ist Frau Ehlers. Frau Ehlers steht vor dem Herd.

GRAMMAR NOTES

1. *Der* Tisch, but der Topf steht $\left\{\begin{array}{l}\text{auf}\\ \text{unter}\\ \text{hinter}\\ \text{etc.}\end{array}\right\}$ *dem* Tisch.

Ein Tisch, but der Topf steht $\left\{\begin{array}{l}\text{auf}\\ \text{unter}\\ \text{hinter}\\ \text{etc.}\end{array}\right\}$ *einem* Tisch.

Das Bett, but die Katze ist $\left\{\begin{array}{l}\text{auf}\\ \text{unter}\\ \text{hinter}\\ \text{etc.}\end{array}\right\}$ *dem* Bett.

Ein Bett, but die Katze ist $\left\{\begin{array}{l}\text{auf}\\ \text{unter}\\ \text{hinter}\\ \text{etc.}\end{array}\right\}$ *einem* Bett.

2. *Der* Topf, and so *der* Blumentopf. *Der* Schrank, and so *der* Kleiderschrank.

1. **Beantworten Sie:**

    1. Wo ist das Rad? (**wo** = *where*)
    2. Wo ist die Katze?
    3. Wo ist das Glas?
    4. Wo ist die Lampe?
    5. Wo ist der Blumentopf?
    6. Wo ist der Kleiderschrank?
    7. Wo ist der Herd?
    8. Wo ist das Bett?
    9. Wo ist der Lieferwagen?
    10. Wo ist das Haus?

2. **Ergänzen Sie:**

    1. ....steht vor dem Haus.
    2. ....steht auf dem Tisch.
    3. ....steht auch auf dem Tisch.
    4. ....ist über dem Tisch.
    5. ....ist rechts von dem Bett.
    6. ....ist über dem Herd.

18

7. ....steht auf dem Fensterbrett.
8. ....steht vor dem Laden.
9. ....steht auch vor dem Laden.
10. ....steht hinter dem Lieferwagen.

3. Beantworten Sie:

1. Steht die Uhr auf dem Stuhl?
   — Nein, die Uhr steht a... d... T...
2. Ist die Katze unter dem Bett?
3. Ist der Mantel in dem Herd?
4. Steht das Rad vor dem Haus?
5. Steht die Tasse auf dem Herd?
6. Steht das Bett unter dem Fenster?
7. Steht der Lieferwagen in dem Laden?
8. Steht der Kleiderschrank neben dem Bett?
9. Ist die Flasche voll?
10. Steht das Bett zwischen dem Kleiderschrank und dem Stuhl?

4. Verbessern Sie:

1. Die Tasse steht auf dem Tisch.
2. Das Auto steht vor dem Laden.
3. Der Blumentopf steht auf dem Herd.
4. Die Lampe steht auf dem Fensterbrett.
5. Das Rad steht in dem Haus.
6. Der Mantel ist unter dem Bett.
7. Die Katze ist in dem Schrank.
8. Der Topf steht auf dem Tisch.
9. Der Kleiderschrank steht neben dem Bett.
10. Das Bett steht rechts von dem Stuhl.

5. Ergänzen Sie:

1. Der Stuhl steht rechts von....
   links von....
   zwischen....
   unter....

2. Der Teller ist in....
   über....
   links von....

3. Das Auto ist vor....
   hinter....
   neben....

19

4. Die Flasche steht auf....

             unter....

             rechts von....

6. Beantworten Sie:

1. Wo steht das Rad?
2. Was ist unter dem Tisch?
3. Steht der Lieferwagen in dem Laden?
4. Das Auto steht vor dem Haus, nicht wahr?
5. Der Topf steht in dem Herd, nicht wahr?
6. Wo steht das Bett?
7. Was ist links von dem Kleiderschrank?
8. Ist die Flasche voll?
9. Ist die Katze groß?
10. Was steht zwischen dem Laden und dem Lieferwagen?

7. Hier sind Antworten. Stellen Sie die Fragen:

1. Herr Ehlers ist in dem Auto.
2. Ja, Hans ist in dem Bett.
3. Nein, das Auto steht hinter einem Lieferwagen.
4. Links von dem Bett steht ein Tisch.
5. Der Tisch steht links von dem Bett.
6. Nein, das Fenster ist rechts von dem Bett.
7. Auf dem Herd steht ein Topf.
8. Nein, die Katze ist nicht in dem Blumentopf!
9. Nein, das ist kein Volkswagen, das ist ein Lieferwagen.
10. Die Flasche!

Die Katze und die Milch

Hans: Mutti, wo ist die Katze?
Mutter: Ich weiß nicht, Hans. Ist sie unter dem Bett?
Hans: Nein, Mutti.
Mutter: Ist sie unter dem Tisch?
Hans: Nein, Mutti.
Mutter: Ist sie in dem Auto, Hans?
Hans: Nein, Mutti.
Mutter: Dann weiß ich nicht, wo sie ist. Aber Hans, wo ist die Milch?
Hans: Ich weiß nicht. Ist die Flasche leer?
Mutter: Ja, sie ist ganz leer.
Hans: Ach Mutti, hier ist die Katze in dem Kleiderschrank.
Mutter: Und die Milch?
Hans: Die Milch ist in der Katze, Mutti!

Vokabeln:

ich weiß nicht — *I don't know*

sie — *she; it*

ganz — *quite*

dann — *then*

die Milch — *the milk*

1 **2** **3**

4 **5** **6**

7 **9**

8

DRITTE LEKTION

BILDVOKABELN

1. Das ist Hans. Er ist auf dem Rad.

   Ist er in dem Haus? Nein, er ist auf der Straße. Ist er bei Mutter? Nein, er ist allein.

2. Das ist Mutter. Sie steht neben dem Herd.

   Der Herd ist nicht in dem Wohnzimmer und auch nicht in dem Schlafzimmer. Er steht in der Küche. Und wo ist Mutter? Sie ist auch in der Küche. Sie steht neben dem Herd.

3. Das ist ein Haus. Es steht in der Bahnhofstraße.

   Das ist ein Laden, nicht wahr? Nein, das ist ein Haus. Ist es klein? Nein, es ist ganz groß.

4. Das ist eine Tür. Mutter öffnet die Tür.

   Öffnet Hans die Tür? Nein, Mutter öffnet sie. Guten Morgen, Mutti!

5. Das ist ein Spiegelei. Es ist in der Bratpfanne.

   Ist das ein Rührei? Nein, das ist ein Spiegelei. Wo ist das Ei? Es ist in einer Bratpfanne.

6. Das ist ein Lehnstuhl. Vater sitzt in dem Lehnstuhl.

   Wer sitzt in dem Lehnstuhl? Vater sitzt dort. Was macht er? Er liest. Liest er ein Buch? Nein, er liest eine Zeitung.

7. Hans steht auf.

   Wer steht auf? Hans steht auf. Sitzt er noch? Aber nein, er steht auf.

8. Die Katze liegt auf dem Boden.

   Was macht die Katze? Sie liegt auf dem Boden. Wo liegt sie? Auf dem Boden.

9. Das ist ein Tisch. Es ist Mittag. Das Mittagessen ist auf dem Tisch.

   Die Uhr zeigt Mittag. Was ist auf dem Tisch? Das Mittagessen steht auf dem Tisch. Guten Appetit!

1

Bahnhofstraße

2

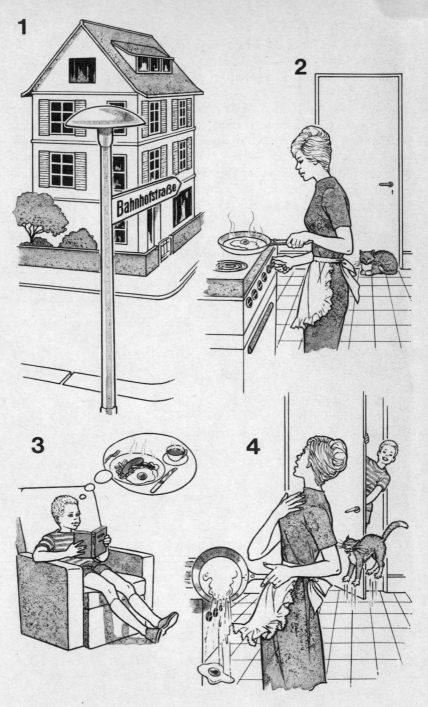

3

4

Hans hat Hunger

1. Das ist ein Haus. Das Haus ist groß, nicht wahr? In dem Haus wohnt Hans Ehlers. Frau Ehlers wohnt in dem Haus, und auch Herr Ehlers. Das Haus steht in der Bahnhofstraße.

2. Mutter ist in der Küche. Sie steht vor dem Herd. Neben Mutter und hinter der Tür liegt die Katze. Sie schläft. Mutter hat eine Bratpfanne in der Hand. In der Bratpfanne ist ein Spiegelei.

3. Hans ist in dem Wohnzimmer. Er sitzt in einem Lehnstuhl und liest ein Buch. Er denkt: „Ich habe Hunger" und steht auf. „Wo ist mein Mittagessen?" denkt er.

4. Er öffnet die Küchentür. Aber die Katze liegt hinter der Küchentür. Sie springt auf und schreit sehr laut. Mutter schreit auch — sie ist ganz erschrocken. Das Spiegelei fällt zu Boden. „Wo ist mein Mittagessen?" fragt Hans. „Dort auf dem Boden," antwortet Mutter.

GRAMMAR NOTES

1.   *das* Haus   and **in** *dem* Haus
      der Schrank   and **in** *dem* Schrank
but *die* Küche   and **in** *der* Küche
     die Bratpfanne and **in** *der* Bratpfanne
similarly
     hinter *der* Tür, **in** *der* Straße
and **hinter** *einer* Tür, **in** *einer* Straße

2. Das ist *der* Lehnstuhl — *er* ist hier.
Das ist *die* Flasche — *sie* ist leer.
Das ist *das* Haus — *es* ist groß.

3. Note the form of the German inverted commas, and the colon that comes before them.

1. **Beantworten Sie:**
   1. Wo wohnt Vater?
   2. Wo steht das Haus?
   3. Wo ist Mutter?
   4. Wo steht sie?
   5. Wo sitzt Hans?
   6. Wo ist das Spiegelei?
   7. Wo ist die Bratpfanne?
   8. Wo ist der Lehnstuhl?
   9. Wo liegt die Katze?
   10. Wo steht der Herd?

2. **Ergänzen Sie:**
   1. ....ist in der Küche.
   2. ....ist auch in der Küche.
   3. ....liegt hinter der Tür.
   4. ....sitzt in dem Lehnstuhl.
   5. ....ist in einer Bratpfanne.
   6. ....steht in der Bahnhofstraße.
   7. ....wohnt in dem Haus.
   8. ....schläft auf dem Boden.
   9. ....fällt zu Boden.
   10. ....ist erschrocken.

3. Beantworten Sie:

1. Ist das ein Lieferwagen?
   — Nein, das ist k...
   Lieferwagen, das ist e... A...

2. Ist das ein Stuhl?

3. Ist das ein Mädchen?

4. Ist das eine Banane?

5. Ist das ein Herd?

6. Ist das ein Fenster?

7. Ist das ein Laden?

8. Ist das ein Teller?

9. Ist das eine Katze?

10. Ist das eine Flasche?

4. Beantworten Sie mit *er*, *sie* oder (*or*) *es*:

1. Steht das Haus in der Bismarckstraße?
   — Nein, es steht in d... B...
2. Ist Mutter in dem Wohnzimmer?
3. Ist das Spiegelei unter dem Bett?
4. Steht Mutter vor dem Tisch?
5. Sitzt Hans auf dem Bett?
6. Schläft die Katze vor dem Herd?
7. Wohnt Hans in einem Wohnwagen (*caravan*)?
8. Liest Vater ein Buch?
9. Ist das Mittagessen auf dem Stuhl?
10. Liegt die Katze in dem Lehnstuhl?

27

5. Verbessern Sie:
  1. Hans schläft in dem Bett.
  2. Das Mittagessen steht auf dem Fensterbrett.
  3. Das Spiegelei ist in dem Topf.
  4. Der Lehnstuhl ist in der Küche.
  5. Hans antwortet: „Ich habe Hunger."
  6. Vater öffnet die Tür.
  7. Hans liest eine Zeitung.
  8. Hans fragt: „Wo ist die Katze?"
  9. Mutter antwortet: „Die Katze ist auf dem Herd."
  10. Hans springt auf.

6. Ergänzen Sie:
  1. Die Katze liegt in....
             auf....
             hinter....
             neben....
  2. Mutter steht neben....
             in....
             zwischen....
             rechts von....
             links von....
  3. Das Spiegelei ist in....
             auf....

7. Beantworten Sie:
  1. Wie ist das Haus? (**Wie ist es?** — *what is it like*)
  2. Wo wohnt Hans?
  3. Wo steht das Haus?
  4. Was macht die Katze?
  5. In der Bratpfanne ist ein Spiegelei, nicht wahr?
  6. Wer ist erschrocken?
  7. Schreit Hans sehr laut?
  8. Was fragt er?
  9. Was antwortet Mutter?
  10. Wie ist Mutter?

28

Das Mittagessen

Vater liest eine Zeitung; Hans liest ein Buch.

Hans: Das Buch hier ist sehr interessant, Vati.
Vater: Die Zeitung ist heute auch sehr interessant.
Mutter (in der Küche): Mittagessen! Spiegelei mit Bratkartoffeln!
Vater (liest die Zeitung): Sehr interessant.
Hans: Mein Buch auch. Sehr spannend.
Mutter: Mittagessen! Das Mittagessen steht hier in der Küche auf
   dem Tisch.
Vater: Ja ja, ich komme schon. — Sehr interessant, dieser Artikel.
Hans: Enorm spannend, das Buch.
Mutter: Aber bitte! Das Mittagessen wird kalt!
Hans: Ich komme schon.
Vater: Ich auch.

Zehn Minuten später. Vater steht auf. Hans steht auch auf.

Vater (er öffnet die Küchentür): Nun, wo ist das Mittagessen?
Hans: Ja, wo ist es? Ich habe Hunger.
Vater: Wo ist mein Spiegelei?
Hans: Mit Bratkartoffeln?
Mutter: Ich habe alles aufgegessen!

Vokabeln:

dieser — *this*	heute — *today*
spannend — *exciting*	die Bratkartoffeln — *fried potatoes*
zehn — *ten*	ich komme schon — *I'm just coming*
bitte — *please*	es wird — *it is becoming*
nun — *now*	aufgegessen — *eaten up*

1

2

3

4

5

6

MILCH
DM 1,-
die Flasche

7

8

30

VIERTE LEKTION

BILDVOKABELN

1. Das ist eine Verkehrsampel.

Die Verkehrsampel ist rot — halten Sie! Was machen Sie? — Ich halte. — Die Verkehrsampel ist grün — fahren Sie!

2. Das ist ein Stopplicht.

Das Stopplicht an einem Auto ist rot.

3. Das ist HerrEhlers. Er steigt aus einem Bus.

Ich fahre oft mit dem Bus. Und Sie, fahren Sie oft mit dem Bus? Fahren Sie auch mit dem Rad?

4. Herr Ehlers schreibt.

Was schreibt er? Er schreibt eine Postkarte. Womit schreibt er? Er schreibt mit einem Kugelschreiber.

5. Frau Ehlers kauft eine Flasche Milch.

Frau Ehlers ist in dem Laden. Was sagt sie? Sie sagt: „Eine Flasche Milch, bitte.''

6. Die Flasche Milch kostet eine Mark.

„Was kostet die Milch, bitte?'' — „Eine Mark die Flasche, bitte.''

7. Herr Ehlers ist sehr traurig.

Ich bin heute ganz glücklich. Sind Sie heute glücklich? Oder sind Sie traurig, wie Herr Ehlers?

8. Das ist eine Brieftasche. In der Brieftasche ist Geld.

Haben Sie eine Brieftasche? Wieviel Geld haben Sie in der Brieftasche? — Ich habe fünf Mark.

Der Polizist

1. Das ist ein Auto, ein Volkswagen. In dem Auto sitzt Herr Ehlers. Es ist sein Auto. Er fährt auf der Bismarckstraße und hält an einer Verkehrsampel.

2. Plötzlich erscheint ein Polizist an dem Wagenfenster. „Guten Morgen," sagt er. „Das Stopplicht an dem Auto ist kaputt. Wissen Sie das? Es funktioniert nicht. Steigen Sie aus, bitte."

3. „Was sagen Sie?" fragt Herr Ehlers. „Mein Stopplicht kaputt?" und er steigt aus dem Auto.

4. „Jawohl," antwortet der Polizist. Er nimmt sein Notizbuch und schreibt mit seinem Kugelschreiber.

5. „Wie heißen Sie, bitte?" — „Ich heiße Ehlers, Friedrich Ehlers." — „Wo wohnen Sie?" — „Ich wohne in der Bahnhofstraße, Nummer 10." — „So. Das kostet fünf Mark Strafe, bitte."

6. Herr Ehlers nimmt fünf Mark aus der Brieftasche. „Danke schön," sagt der Polizist. „Und kaufen Sie eine neue Birne für das Stopplicht. Auf Wiedersehen!" — „Auf Wiedersehen," sagt Herr Ehlers sehr traurig.

GRAMMAR NOTES

1. **ich wohne** — **ich** forms end in **-e.**
   er wohnt — **er** forms end in **-t.** So do **sie** (*she*) and **es** forms.
   Sie wohnen — **Sie** forms end in **-en.**

2. **Sie** meaning *you* always has a capital letter.

3. Word order. *Questions:* verb first, or immediately after question
   word.
   > ***Ist* er hier?**
   > **Wo *ist* er?**

   Commands: verb first.
   > ***Fahren* Sie!**
   > ***Halten* Sie!**
   > Note that the **Sie** must be there.

   Statements: verb *second.*
   > **Plötzlich *erscheint* der Polizist.**
   > or **Der Polizist *erscheint* plötzlich.**

4. **„Auf Wiedersehen,"** sagt Herr Ehlers sehr *traurig.*
   traurig here = *sadly.* Adjectives can be used unchanged as
   adverbs.

1. **Sie sind Herr Ehlers. Beantworten Sie:**
   1. Wie heißen Sie?
   2. Wo wohnen Sie?
   3. Haben Sie ein Auto?
   4. Was für ein Auto ist es?
   5. Wo ist das Auto?
   6. Wer steigt aus dem Auto?
   7. Ist das Stopplicht kaputt?
   8. Was kaufen Sie?
   9. Wieviel Geld zahlen Sie? (**zahlen** — *to pay*)
   10. Sind Sie glücklich?

2. **Ergänzen Sie:**
   1. . . . .ist auf der Straße.
   2. . . . .sitzt in dem Auto.
   3. . . . .erscheint an dem Wagenfenster.
   4. . . . .funktioniert nicht.
   5. . . . .ist in der Brieftasche.
   6. . . . .kostet eine Mark.
   7. . . . .ist grün.

34

8. ....schreibt eine Postkarte.
9. ....hat ein Notizbuch.
10. ....ist nicht glücklich.

3. **Satzbildung** (*sentence formation*):

ich
Frau Ehlers
er   wohne★   in der Bismarckstraße.
der Polizist   in Westdeutschland.
Sie   in Berlin.
Hans

Hält★   Herr Ehlers   auf der Straße?
      das Auto   an der Verkehrsampel?
      Sie   vor dem Laden?
      es   neben dem Haus?
      ich
      der Volkswagen

Hans
Herr Ehlers   ist★   in dem Auto.
Sie   in der Küche.
sie   hinter dem Haus.
die Katze   rechts von Frau Ehlers.
ich   in dem Schlafzimmer.

★ Change where necessary.

4. **Herr Ehlers stellt die Fragen. Beantworten Sie:**
1. Wie heiße ich?
2. Ist mein Auto ein Mercedes?
3. Fährt es auf der Bahnhofstraße?
4. Ich habe fünf Mark in der Brieftasche, nicht wahr?
5. Wo halte ich?
6. Wer erscheint plötzlich?
7. Wo erscheint er?
8. Der Polizist steigt aus dem Auto, nicht wahr?
9. Ich bin traurig, ja?
10. Was kaufe ich?

5. **Verbessern Sie:**
1. Das Stopplicht an einem Auto ist grün.
2. Frau Ehlers kauft eine Flasche Bier in dem Laden.
3. Herr Ehlers hat zehn Mark in der Brieftasche.

35

4. Das Stopplicht funktioniert.
5. Herr Ehlers nimmt sein Notizbuch.
6. Das Auto hält vor dem Laden.
7. Die Milch kostet fünf Mark die Flasche.
8. Der Polizist erscheint in der Küche.
9. Die Adresse von Hans ist Bahnhofstraße 5.
10. Herr Ehlers steigt aus einem Taxi.

6. Ergänzen Sie:

1. Herr Ehlers ist auf. . . .
            in. . . .
            vor. . . .
            rechts von. . . .
2. Der Polizist ist an. . . .
            auf. . . .
            neben. . . .
3. Das Stopplicht ist an. . . .
4. Das Geld ist in. . . .

7. Beantworten Sie — womöglich (*where possible*) mit *er, sie* oder *es*:

1. Wer ist der Vater von Hans?
2. Wo sitzt er?
3. Was fragt Herr Ehlers?
4. Was sagt Frau Ehlers in dem Laden?
5. Wo fährt Herr Ehlers?
6. Ist das Auto ein Mercedes?
7. Wie heißen Sie?
8. Was ist rot?
9. Ist ein Volkswagen groß oder klein?
10. Haben Sie ein Auto?

In dem Laden

Karl: Eine Flasche Milch, bitte.
Verkäufer (er stellt sie auf den Ladentisch): Bitte sehr.
Karl: Danke schön.
Verkäufer: Sonst noch etwas, bitte?
Karl: Ja, bitte. Ich möchte noch sechs Eier.
Verkäufer: Bitte sehr.
Karl: Danke schön.
Verkäufer: Und sonst noch etwas, bitte?

Karl: Haben Sie Emmentaler Käse?
Verkäufer: Jawohl. Der Emmentaler ist sehr gut.
Karl: Nun also, ein Pfund Emmentaler.
Verkäufer: Bitte sehr.
Karl: Danke. Das ist alles.
Verkäufer: Das macht fünf Mark und zehn Pfennig zusammen.
Karl: Ach du liebe Zeit! Meine Brieftasche ist nicht da! Ich habe sie
  in dem Bus liegenlassen. Auf Wiedersehen!
Verkäufer: Auf Wiedersehen, mein Herr — und recht vielen Dank!

Vokabeln:

stellen — *put*
der Ladentisch — *counter*
ich möchte — *I should like*
der Verkäufer — *assistant*
sonst noch etwas — *anything else*
sechs — *six*

der Käse — *cheese*
zusammen — *(all) together*
ach du liebe Zeit — *good heavens*
liegenlassen — *left lying*
recht vielen Dank — *thank you very much*

1

STRASSE
GESPERRT

GESPERRT

2

3

Bochum,
den 6. Januar
Liebe Ilse!
Recht vielen
Dank für den
Brief, ich

An Fräulein Ilse Schmidt
BREMEN/Vegesack
Fiedlerstraße 17.

4

5

6

7

8

38

FÜNFTE LEKTION

BILDVOKABELN

1. Das ist ein Straßenarbeiter. Er arbeitet auf der Straße.

„Wo arbeitet er?" — „Er arbeitet auf der Straße." — „Und wo arbeiten Sie?" — „Ich arbeite in der Schule." — „Nur in der Schule? Oder auch zu Hause?" — „Ja, auch zu Hause. Ich habe zu viel Arbeit."

2. Das ist ein Schreibtisch.

Herr Ehlers arbeitet an einem Schreibtisch. Wir schreiben an einem Schreibtisch. Auf diesem Schreibtisch ist ein Telephon.

3. Das ist ein Brief.

Der Briefträger bringt heute einen Brief. Wie schön!

4. Das ist ein Telephon. Auf dem Telephon liegt der Hörer.

Hören Sie! Es klingelt, und wir nehmen den Hörer ab. Wir sagen: „Hier ist Ehlers" und die Nummer.

5. Herr Ehlers legt den Hörer auf.

Nimmt er den Hörer ab? Nein, er sagt: „Auf Wiederhören" und legt den Hörer auf.

6. Das ist ein Bürogebäude.

Herr Ehlers arbeitet in einem Büro. Sein Büro ist in diesem Bürogebäude. Das Gebäude ist groß, nicht wahr? Herr Ehlers geht zu diesem Gebäude.

7. Hier sehen Sie eine Stadt.

Julia Ehlers arbeitet in der · Stadt. Wohnen Sie in einer Stadt oder auf dem Lande?

8. Das ist ein Apfel. Hans ißt den Apfel.

„Was essen Sie, Hans?" — „Ich esse einen Apfel. Er ist rot und schmeckt sehr gut."

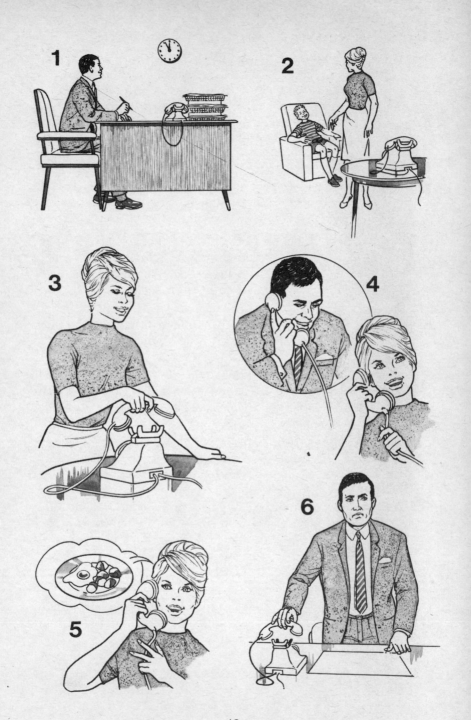

Ein Telephongespräch

1. Das ist Herr Ehlers. Er ist der Vater von Hans. Er arbeitet in einem Büro. Er hat einen Schreibtisch in seinem Büro. Hier sehen wir Herrn Ehlers an seinem Schreibtisch. Der Schreibtisch ist sehr groß, nicht wahr? Herr Ehlers schreibt einen Brief. Er ist glücklich, denn es ist bald Mittag, und mittags geht er nach Hause. Auf seinem Schreibtisch steht ein Telephon.

2. Hier sehen wir Frau Ehlers und Hans. Hans ist der Sohn von Herrn und Frau Ehlers. Sie haben einen Sohn und eine Tochter. Julia, die Tochter, ist aber nicht da. Sie arbeitet in der Stadt und kommt nicht zum Mittagessen nach Hause. Mutter und Hans sind zu Hause. Sie sind in dem Wohnzimmer. Hier in dem Wohnzimmer steht ein Telephon.

3. Es klingelt. Frau Ehlers nimmt den Hörer ab und sagt: „Hier Frau Ehlers.“

4. Am Apparat ist Herr Ehlers. Er sagt: „Hier im Büro bin ich jetzt fertig. Ich komme gleich nach Hause. Wie ist es mit meinem Mittagessen?“

5. „Das Mittagessen ist fast fertig,“ sagt Frau Ehlers. „Heute essen wir Spiegelei mit Bratkartoffeln. Komm schnell!“

6. „Wie schön,“ sagt Herr Ehlers, „ich komme schon,“ und er legt den Hörer auf. „Ach du liebe Zeit,“ denkt er, „schon wieder Spiegelei.“ Herr Ehlers ist nicht mehr glücklich.

GRAMMAR NOTES

1. das Haus: Sie sehen das Haus.
    die Postkarte: Sie nehmen die Postkarte.
    but *der* Brief: Sie schreiben *den* Brief.
    der Schreibtisch: Sie haben *den* Schreibtisch.
    similarly: Sie schreiben *einen* Brief
                        Sie haben *einen* Schreibtisch

2. **wir wohnen**   — **wir** forms end in **-en.**
    sie (*they*) **wohnen** — **sie** (*they*) forms end in **-en.**
    Distinguish clearly between **sie wohnt**   — *she lives*
                              Sie wohnen — *you live*
                              sie wohnen — *they live*

3. **er geht** *nach* **Hause** — . . .*home* (motion towards)
    er ist *zu* **Hause**   — . . .*at home* (no motion towards)

4. Observe where **Herr** takes an extra **-n**
    Herr Ehlers ist hier.
    Wir sehen Herrn Ehlers.
    Der Sohn von Herrn Ehlers.

1. **Beantworten Sie:**
    1. Wen sehen wir in dem Büro? (**wen** = *whom*)
    2. Was hat er in dem Büro?
    3. Was schreibt er?
    4. Wer hat einen Sohn?
    5. Wen sehen wir in dem Wohnzimmer?
    6. Was nimmt Frau Ehlers ab?
    7. Was legt Herr Ehlers auf?
    8. Was bringt der Briefträger?
    9. Wer hat eine Tochter?
    10. Was hat einen Hörer?

2. **Sie sind Hans. Beantworten Sie diese Fragen über die Familie** (*about the family*)**:**
    1. Wie heißen Sie?
        — Wir. . . .
    2. Wo wohnen Sie?
    3. Haben Sie ein Auto?
    4. Wo essen Sie?
    5. Was essen Sie sehr oft?
    6. Wohnen Sie in einem Wohnwagen?

7. Haben Sie eine Katze?
8. Haben Sie ein Haus in der Bismarckstraße?
9. Sie haben einen Herd in der Küche, nicht wahr?
10. Arbeiten Sie?

3. Ergänzen Sie:

1. ....arbeitet ein Straßenarbeiter.
   — A... d... S... arbeitet ein Straßenarbeiter.
2. ....steht ein Lehnstuhl.
3. ....hat Herr Ehlers einen Schreibtisch.
4. ....ist ein Telephon.
5. ....steht ein Kleiderschrank.
6. ....schreibt Herr Ehlers eine Postkarte.
7. ....liegt die Katze.
8. ....arbeitet die Tochter von Herrn Ehlers.
9. ....fährt ein Volkswagen.
10. ....sind fünf Mark.

4. Verbessern Sie:

1. Der Straßenarbeiter arbeitet in einem Büro.
2. Das Telephon ist unter dem Schreibtisch.
3. Das Büro von Herrn Ehlers ist in dem Bahnhof.
4. Hans ist die Tochter von Herrn und Frau Ehlers.
5. Mutter ist in der Küche mit Hans.
6. Das Telephon ist in dem Schlafzimmer.
7. Hans legt den Hörer auf.
8. Der Schreibtisch von Frau Ehlers ist sehr groß.
9. Die Tochter kommt mittags nach Hause.
10. „Schon wieder Spiegelei," sagt Herr Ehlers.

5. Beantworten Sie die Fragen mit *sie* (they):

1. Wo sind Frau Ehlers und Hans?
2. Wo sind das Telephon und der Brief von Herrn Ehlers?
3. Haben Herr und Frau Ehlers einen Sohn?
4. Haben sie auch eine Tochter?
5. Arbeiten Herr Ehlers und seine Tochter zu Hause?
6. Sind die Bratkartoffeln fertig?
7. Was essen Herr und Frau Ehlers heute?
8. Essen Frau Ehlers und Hans in dem Wohnzimmer?
9. Schreiben Frau Ehlers und Hans einen Brief?
10. Wo sind die Bratkartoffeln?

6. Beantworten Sie:

1. Wo sehen wir Herrn Ehlers?
2. Warum ist er glücklich? (**warum** = *why*)
3. Ist sein Schreibtisch klein?
4. Wo ist sein Telephon?
5. Wo ist seine Tochter?
6. Wer arbeitet auf der Straße?
7. Wo wohnt Fräulein Ilse Schmidt?
8. Was klingelt?
9. Haben Sie ein Telephon?
10. Wer hat zu viel Arbeit?

Falsch verbunden

Das Telephon klingelt.

Herr Ehlers: Ja.

Stimme: Wer ist am Apparat, bitte?

Herr Ehlers: Ehlers hier.

Stimme: Ach, guten Morgen, Herr Ehlers. Ist Frau Ehlers da?

Herr Ehlers: Nein, sie ist leider nicht hier. Ich bin allein im Haus. Kann ich irgend etwas ausrichten?

Stimme: Oh ja, bitte. Das ist sehr nett.

Herr Ehlers: Augenblick, bitte. Ich suche meinen Kugelschreiber. (*Pause. Er kommt zurück.*) Ja, ich habe meinen Kugelschreiber.

Stimme: Also bitte, sagen Sie —

Herr Ehlers: Augenblick, bitte. Der Kugelschreiber ist kaputt. Ich suche einen Bleistift. (*Pause. Er kommt zurück.*) Ja, ich habe einen Bleistift.

Stimme: Also bitte, sagen Sie Dorothea —

Herr Ehlers: Dorothea? Aber meine Tochter heißt Julia.

Stimme: Ihre Tochter? Dorothea ist Ihre Frau.

Herr Ehlers: Meine Frau? Meine Frau heißt Marianne.

Stimme: Sind Sie nicht Herr Wolfgang Ehlers aus der Bismarck-straße?

Herr Ehlers: Aber nein. Ich bin Friedrich Ehlers aus der Bahnhof-straße.

Stimme: Oh, Entschuldigung! Ich bin falsch verbunden!

Vokabeln:

die Stimme — *voice*

leider — *unfortunately*

Augenblick! — *just a moment*

der Bleistift — *pencil*

kann ich irgend etwas ausrichten?
— *can I pass on any message?*
nett — *nice*
also — *well; then*
Ihr — *your*

suchen — *look for*
Entschuldigung! — *I'm sorry*
falsch verbunden — *'wrongly connected'; wrong number*

SECHSTE LEKTION

Grammar Survey

1. NOUNS

(a) Nouns are always written with a capital letter.
(b) Nouns have three genders — masculine, feminine and neuter. *Males and females* usually have the corresponding gender — though not always, e.g.

> ***das*** **Fräulein** — neuter

Things may be any one of the three genders. A noun should always be learned with its definite article (**der, die, das**) to indicate its gender.

2. CASES

The definite article and the indefinite article (**ein, eine, ein**) add endings to show the case of their noun. So far we have met the nominative (subject) case, the accusative (direct object) case and the dative (indirect object) case. The last corresponds to the English *to* + noun, and is also the case most frequently met after prepositions. It is the only case we have yet used after prepositions. Here are the case endings:

	Masculine	Feminine	Neuter
Nominative	der⎱ ein⎰Tisch	die⎱ eine⎰Tür	das⎱ ein⎰Auto
Accusative	den⎱ einen⎰Tisch	die⎱ eine⎰Tür	das⎱ ein⎰Auto
Dative	dem⎱ einem⎰Tisch	der⎱ einer⎰Tür	dem⎱ einem⎰Auto

Note 1. **mein** (*my*), **sein** (*his; its*), **Ihr** (*your*) behave like **ein**.
Note 2. The noun **Herr** becomes **Herrn** in cases other than the nominative.

3. VERBS

These are divided into two kinds — weak verbs, which follow an entirely regular pattern, and strong verbs, which do not.

Here is the pattern of a weak verb in its present tense:

machen — *to make; to do*

Singular	Plural
ich mache	wir mach**en**
Sie mach**en**	Sie mach**en**
er ⎫ sie ⎬ mach**t** es ⎭	sie mach**en**

Note 1. German only has one form of the present tense:

ich mache = { *I make*
I am making
I do make }

Note 2. **Sie** (*you*) and **Ihr** (*your*) always have capital letters.

Note 3. **er, sie** (*she*) and **es** always have the same verb form.

Note 4. Weak verbs ending in **-ten** or **-den** have the ending **-et** in the **er** form:

arbeiten — er arbeit**et**

antworten — sie antwort**et**

kosten — es kost**et**

Here are the present tenses of the strong verbs we have met:

sein — *to be*
ich bin
Sie sind
er ist
wir sind
Sie sind
sie sind

fahren — *to travel*
ich fahre
Sie fahren
er fährt
wir fahren
Sie fahren
sie fahren

essen — *to eat*
ich esse
Sie essen
er ißt
wir essen
Sie essen
sie essen

fallen — *to fall*
ich falle
Sie fallen
er fällt
wir fallen
Sie fallen
sie fallen

haben — *to have*
ich habe
Sie haben
er hat
wir haben
Sie haben
sie haben

halten — *to stop*
ich halte
Sie halten
er hält
wir halten
Sie halten
sie halten

wissen — *to know*
ich weiß
Sie wissen
er weiß
wir wissen
Sie wissen
sie wissen

lesen — *to read*
ich lese
Sie lesen
er liest
wir lesen
Sie lesen
sie lesen

nehmen — *to take*
ich nehme
Sie nehmen
er nimmt
wir nehmen
Sie nehmen
sie nehmen

sehen — *to see*	schlafen — *to sleep*	werden — *to become*
ich sehe	ich schlafe	ich werde
Sie sehen	Sie schlafen	Sie werden
er sieht	**er schläft**	**er wird**
wir sehen	wir schlafen	wir werden
Sie sehen	Sie schlafen	Sie werden
sie sehen	sie schlafen	sie werden

4. WORD ORDER

In statements the verb *must* be the second idea (*not* the second word) in the sentence:

Hier im Büro *bin* ich jetzt fertig.

If the subject is not first in the sentence it comes immediately after the verb, as in the example above.

In commands the verb is placed first and immediately followed by the subject **Sie:**

***Stehen* Sie auf!**

In questions, if there is a question word, the verb comes second:

Wo *ist* mein Vater?

Otherwise simple inversion forms the question, and the verb comes first in the sentence:

***Steht* sie in der Küche?**

***Ist* mein Vater hier?**

5. NICHT WAHR

The expression **nicht wahr?** (is it not true?) corresponds to the English tag questions (*isn't it? didn't he? wouldn't you? haven't they?* etc.). More colloquially **ja?** is sometimes used instead.

6. KEIN

Avoid using **nicht ein. Nicht ein** compounds to form **kein** (*not a; no*) which takes the same endings as **ein.**

7. DATIVE -E

Older German added an extra **-e** to the dative of one-syllable masculine and neuter nouns. This survives mainly in literary usage and should be ignored, except for one or two set expressions, of which we know:

zu Hause — *at home*
nach Hause — *home*
auf dem Lande — *in the country*.

48

Exercises

1. **Write *der*, *die* or *das* before:**

Auto; Arbeit; Boden; Bus; Brief; Büro; Ei; Fenster; Fensterbrett; Glas; Gebäude; Geld; Herd; Katze; Küchentür; Lehnstuhl; Minute; Mittagessen; Nummer; Pause; Postkarte; Pfund; Rad; Schlafzimmer; Schule; Spiegelei; Telephonnummer; Topf; Tür; Tochter.

2. **Write *ein* or *eine* before:**

Apfel; Bett; Bratpfanne; Buch; Bahnhof; Brieftasche; Birne; Briefträger; Bleistift; Flasche; Frau; Haus; Küche; Kleiderschrank; Käse; Lieferwagen; Mantel; Mark; Name; Polizist; Straße; Stadt; Stimme; Tisch; Teller; Tasse; Taxi; Telephon; Uhr; Zeitung.

3. **Complete:**

   1. Unter d– Tisch sitzt ei– Katze.
   2. D– Lehnstuhl ist in d– Wohnzimmer.
   3. D– Polizist hat ei– Stopplicht an sei– Auto.
   4. Mei– Vater schreibt ei– Brief mit ei– Kugelschreiber.
   5. D– Taxi hält vor d– Bahnhof.
   6. Sei– Tochter sitzt in d– Lehnstuhl und ißt ei– Apfel.
   7. In d– Kleiderschrank ist d– Mantel von d– Herr–.
   8. Haben Sie mei– Buch und mei– Zeitung?
   9. Suchen Sie ei– Bleistift in d– Küche!
   10. D– Brief von mei– Mutter sehe ich schon auf d– Tisch.

4. **Give the appropriate form of the following verbs:**

ich (machen); Sie (wohnen); wir (sein); er (wissen); sie (*she*) (essen); sie (*they*) (fahren); ich (sein); Sie (schlafen); es (fallen); er (haben); ich (wissen); es (nehmen); sie (*they*) (werden); ich (halten); sie (*she*) (schlafen); wir (gehen); er (sein); es (fahren); ich (lesen); Sie (nehmen).

5. **Put the words printed in italics at the beginning of the sentence and make any necessary changes in the word order:**

   1. Ich fahre *heute* mit dem Bus.
   2. Die Zeitung mit diesem interessanten Artikel ist *dort*.
   3. Wir fahren *jetzt* in die Stadt.
   4. Eine Katze sitzt *in Ihrem Auto*!

49

5. Ich möchte *eine Flasche Bier*, bitte.
6. Er sieht *seinen Vater, seine Mutter und Trudi* auf der Straße.
7. Ein Lieferwagen steht *vor dem Fenster*.
8. Ich habe keinen Pfennig Geld *in der Brieftasche*.
9. Er sucht seine Tochter *mittags* in der Schule.
10. Der Polizist sagt: „*Guten Morgen.*"

6. **Devise questions to fit these answers:**
   1. Ja, ich habe zu viel Arbeit.
   2. Ich schreibe mit einem Kugelschreiber.
   3. Die Katze liegt hinter der Tür.
   4. Ich weiß nicht, wo es ist.
   5. Nein, wir haben kein Glas.
   6. Ich fahre nicht mit dem Rad, denn die Birne ist kaputt.
   7. Mein Vater heißt Albrecht Schmidt.
   8. Ich sehe den Briefträger.
   9. Er bringt eine Postkarte.
   10. Ich wohne Ringstraße 10.

7. **Write five or six sentences in German:**
   (a) You are Friedrich Ehlers. Describe yourself and your family.
   (b) You are the policeman. Give an account of the brake-light incident from your point of view.
   (c) Write a telephone conversation between a shop assistant and Frau Ehlers, who is ordering groceries.
   (d) You are Hans Ehlers. Describe your bedroom.

8. **Put into German:**
   1. The chair is to the right of the bed.
   2. The bottle is empty.
   3. A cat is under the table.
   4. Hans opens the door.
   5. Who is sitting in the armchair?
   6. Mr Ehlers gets out of the taxi.
   7. She writes with a ball-point.
   8. We are reading a letter.
   9. Is Karl eating a banana?
   10. She works in an office.

9. **Translate:**
   1. good morning
   2. listen
   3. isn't it?
   4. no longer
   5. broken
   6. one mark a bottle

7. thank you very much
8. that's everything
9. I'm hungry
10. lunch is getting cold
11. good-bye
12. at home
13. in the country
14. who's speaking please?
15. do you know that?
16. I'm sorry
17. anything else?
18. all together

19. I'm just coming
20. I've too much work
21. how nice!
22. at noon
23. oh good heavens!
24. just a moment
25. a bottle of milk
26. what is your name?
27. I should like
28. enjoy it!
29. it falls to the floor
30. hello

10. **Use the above phrases in fifteen simple German sentences, two phrases to a sentence.**

SIEBENTE LEKTION

BILDVOKABELN

1. Das ist Julia. Sie ist die Tochter von Herrn Ehlers.

Wie heißt das Fräulein? Es heißt Julia Ehlers. Julia ist hübsch und hat braunes Haar. Sie ist siebzehn Jahre alt. Wie alt bist du?

2. Das ist Hans Ehlers. Er steht vor einem Kalender.

Er wird morgen dreizehn Jahre alt. Morgen ist Donnerstag. Er hat eine Schwester. Sie heißt Julia.

3. Das ist eine Bushaltestelle.

Elf Leute stehen an der Bushaltestelle. Siehst du sie? Sie stehen Schlange. — Zwölf Leute, glaube ich. — Nein, nur elf — elf Leute und ein Hund. — Ach ja!

4. Hier sehen wir einen Geburtstagskuchen.

Meine Schwester hat heute Geburtstag. Das ist ihr Kuchen. Wie alt ist sie? Sie ist neun Jahre alt.

5. Das ist eine Bratwurst.

Die Deutschen essen gern Wurst. Dies ist eine Bratwurst. Sie ist sehr lang, nicht wahr? Ißt du gern Bratwurst?

6. Drei Uhr bis vier Uhr — das ist eine Stunde.

Eine Stunde hat sechzig Minuten. Ein Tag hat vierundzwanzig Stunden. Die Woche hat sieben Tage.

7. Hier haben wir eine Landkarte.

Im Norden liegt die See. Im Westen ist ein Fluß. Im Süden liegt eine Stadt. Im Osten ist die Autobahn.

8. Das ist eine Nummer.

Dies ist die Nummer sechzehn. Zweimal acht ist sechzehn. Viermal vier ist auch sechzehn.

9. Das ist Krieg!

Der erste Weltkrieg endet — es ist November neunzehnhundertachtzehn.

10. Der Filmschauspieler heißt Karl-Heinz Baumann.

Julia sieht Herrn Baumann sehr gern. Er ist ihr Lieblingsschauspieler.

11. Das ist deutsches Geld.

Das sind ein Zehnmarkschein, zwei Fünfmarkstücke und ein Zehnpfennigstück. Eine Mark hat hundert Pfennige.

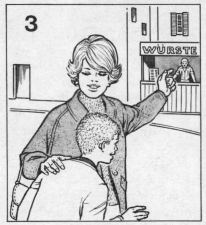

Ein Kinobesuch

1. Julia und Hans stehen an der Bushaltestelle. Sie fahren mit der Linie vierzehn in die Stadt. Sie gehen ins Kino. Hans ist glücklich, denn morgen hat er Geburtstag. Deshalb geht er heute mit Julia ins Kino.

---

2. Vor dem Kino steigen sie aus dem Bus. „Gut," sagt Hans. „Das Atlantis-Kino zeigt einen Kriegsfilm. Krieg im Osten. Das ist sicher sehr spannend." — „Ach du liebe Zeit," denkt Julia, „wie langweilig!" Aber sie sagt: „Ja, Hans, das ist sehr gut," denn das ist heute ein Geburtstagsausflug für Hans. „Aber die nächste Vorstellung beginnt erst um zwanzig Uhr," sagt Hans. „Wir haben noch fünfzehn Minuten Zeit."

---

3. „Möchtest du eine Bockwurst?" fragt Julia. „Du ißt sie sehr gern, nicht wahr? Da drüben ist eine Wurstbude." — „Oh ja, gerne," antwortet Hans. „Aber ich esse lieber eine Bratwurst." — „Schön," sagt Julia, und sie gehen über die Straße zu der Bude.

---

4. „Zweimal Bratwurst und zwei Coca-cola," sagt Julia zu dem Verkäufer. „Bitte sehr. Drei Mark, bitte," sagt er. Sie stehen vor der Bude und essen Bratwurst und trinken Coca-cola. Hans ist überglücklich.

---

5. Jetzt gehen sie in das Kino. An der Kasse kauft Julia zwei Karten, und sie gehen in den Saal.

---

6. Sie sitzen auf dem Rang in der ersten Reihe, und Hans findet den Film wirklich spannend. Für Julia ist der Film auch nicht so sehr langweilig, denn Karl-Heinz Baumann spielt mit. Er ist ihr Lieblingsschauspieler.

GRAMMAR NOTES

1. **du** (*you*) is used by close friends or relatives to one another. It is singular.

> **du ißt** ⎫
> **du bist** ⎬ — the **du** form of the verb ends in **-st**.
> **du wohnst** ⎭

If a verb has an irregular **er** form, the same irregularity occurs in the **du** form:

fahren: ich fahre   **haben:** ich habe
       du **fährst**   du **hast**
       er **fährt**   er **hat**

2.   er *ist* in *der* Stadt
but, er *fährt* in *die* Stadt
       sie *sitzen* in *dem* Saal
but, sie *gehen* in *den* Saal
       der Schrank *ist* über *dem* Tisch
but, sie *gehen* über *die* Straße

Note that the second example in each case involves motion towards and has an accusative after the preposition instead of the usual dative.

3. **im**   = **in dem**
ins   = **in das**
zum = **zu dem**
Look out for similar contractions with **dem, der** or **das**.

4. **zwanzig Uhr** = *20 o'clock* = *8 p.m.*
The 24-hour clock is very common in German timetables and notices.

---

1. **Ihr guter Freund Hans stellt die Fragen. Beantworten Sie:**
   1. Was habe ich morgen?
   2. Wohin gehe ich? (**wohin** = *where to*)
   3. Fahre ich mit der Bahn? (**die Bahn** = *tram*)
   4. Wo steige ich aus?
   5. Was esse ich gern?
   6. Trinke ich Milch an der Wurstbude?
   7. Stehe ich hinter der Bude?
   8. Bin ich traurig?
   9. Kaufe ich die Kinokarten?
   10. Wie finde ich den Film?

2. **Unten ist eine Karte von Westdeutschland.**
   Ergänzen Sie:

   1. Die Nordsee liegt....
      — Die Nordsee liegt i... N...
   2. Der Rhein ist....
   3. Die Alpen sind....
   4. Die Stadt Hamburg liegt....
   5. Das Land Bayern liegt....
   6. Ostdeutschland ist....
   7. Im Nordwesten liegt....
   8. Im Südosten ist....
   9. Im Südwesten liegt....
   10. Im Nordosten ist....

3. **Ergänzen Sie:**

1. Dreimal vier ist. . . .
2. Zweimal acht ist. . . .
3. Sieben und vier ist. . . .
4. Drei und eins ist. . . .
5. Viermal sechs ist. . . .
6. Siebenmal zwei ist. . . .
7. Neun weniger vier ist. . . .
    (**weniger** = *less; minus*)
8. Sechzehn weniger acht ist. . . .
9. Sechzehn und acht ist. . . .
10. Zwanzig weniger vier ist. . . .

4. **Ergänzen Sie:**

1. Hans und Julia fahren *in*. . *die*. S*tadt*
2. Sie sitzen *in*. *dem* B*us*.
3. V*or*. *dem* K*ino* steigen sie a*us*. d*em* B*us*
4. Sie gehen *über* d*ie*. S*traße*
5. Hans und Julia stehen v*or*. d*er*. W*urstbude*
6. Dann gehen sie *in*. *das*. K*ino*
7. Julia kauft die Karten a*n*. d*er* Ka*sse*
8. Dann gehen Hans und Julia *in*. d*en* S*aal*
9. Sie sitzen nicht im Parkett, sie sitzen a*uf* d*em* R*ang*
10. Hans kann sehr gut sehen, denn er sitzt *in*. d*er*. *ersten* R*eihe*

5. **Fragen über die Bildvokabeln. Beantworten Sie:**

1. Wer hat eine Schwester?
2. Wie ist Julia?
3. Wie alt ist Hans heute?
4. Wo steht er?
5. Wie viele Leute stehen an der Bushaltestelle Schlange?
6. Was essen die Deutschen gern?
7. Ist die Bratwurst lang oder kurz?
8. Wie viele Stunden hat ein Tag?
9. Wie heißt Julias Lieblingsschauspieler?
10. Wie viele Pfennige hat eine Mark?

6. Fragen über die Bildergeschichte. Beantworten Sie:

1. Wer steht an der Bushaltestelle?
2. Warum geht Hans heute mit Julia ins Kino?
3. Welchen Film zeigt das Atlantis-Kino?
4. Hat Julia diesen Film gern?
5. Warum sagt sie: „Das ist sehr gut?"
6. Was beginnt um zwanzig Uhr?
7. Ißt Hans eine Bockwurst?
8. Wo ißt er die Wurst?
9. Findet Julia den Film langweilig?
10. Warum nicht?

Die Verabredung

Julia und ihre Freundin Trudi auf der Straße.

Julia: Morgen, Trudi!

Trudi: Morgen, Julia! Was machst du heute abend?

Julia: Ich weiß nicht. Was machst du?

Trudi: Gehen wir zusammen ins Kino! Der Film im Atlantis ist ganz toll. Er heißt: „Liebe im Osten".

Julia: Ach ja! Spielt Karl-Heinz Baumann nicht mit?

Trudi: Ja, sicher. Er hat die Hauptrolle. Er spielt einen Russen.

Julia: Schön! Aber hast du Geld? Ich habe nur vierundzwanzig Mark, und morgen kaufe ich ein Paar Schuhe.

Trudi: Du hast sicher genug. Und ich habe auch Geld. Also kommst du mit?

Julia: Ja, gewiß. Wann beginnt der Film?

Trudi: Die letzte Vorstellung beginnt um zwanzig Uhr.

Julia: Gut! Also um zwanzig Uhr vor dem Kino.

Trudi: Schön! Bis heute abend!

Julia: Auf Wiedersehen!

Vokabeln:

die Freundin — (*girl*) *friend*
zusammen — *together*
die Liebe — *love*
die Hauptrolle — *leading part*
gewiß — *certainly*

heute abend — *tonight*
bis — *until*
genug — *enough*
toll — *terrific*

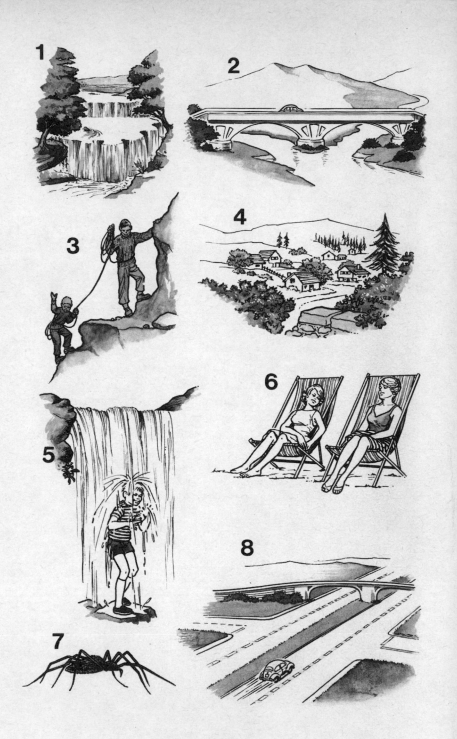

ACHTE LEKTION

BILDVOKABELN

1. Das sind zwei Bäume mit einem Wasserfall.

Ist das ein Baum? Nein, das sind zwei Bäume. Ein Baum steht rechts von dem Wasserfall, ein Baum steht links von dem Wasserfall. Der Wasserfall ist zwischen den Bäumen.

2. Hier haben wir zwei Flüsse und eine Brücke.

Die Flüsse sind unter der Brücke. Ein Auto fährt über die Brücke.

3. Das sind Hans und sein Vater auf einem Berg. Sie sind Bergsteiger.

„Hallo! Wo seid ihr?" — „Wir sind hier oben auf dem Berg." — „Ach ja, jetzt sehe ich. Ihr steht jetzt ganz hoch."

4. Das ist ein Dorf.

Ein Dorf ist nicht so groß wie eine Stadt. Wohnt ihr in einem Dorf?

5. Hans ist naß.

Er steht unter einem Wasserfall. „Bist du naß, Hans?" — „Ja, natürlich bin ich naß. Ich stehe unter einem Wasserfall!"

6. Das sind zwei Liegestühle.

In dem einen Liegestuhl liegt Julia. In dem anderen Liegestuhl liegt Mutter. „Was macht ihr?" Sie antworten nicht, denn sie schlafen.

7. Das ist eine Spinne.

Ist sie grün? Nein, sie ist schwarz. Ist sie schön? Nein, schön ist sie nicht. Sie ist häßlich.

8. Das Auto ist auf einer Schnellstraße.

Das Auto fährt mit hundertzwanzig Stundenkilometern. Das ist sehr schnell.

Auf dem Lande

1. Die Familie Ehlers sitzt im Wohnzimmer. Sie hat etwas vor. Vater hat seine Landkarte auf dem Tisch. Was macht er? Er studiert die Karte. Die Familie macht heute einen Ausflug auf das Land.

2. „Ich habe das Land so gern," sagt Julia. „Es ist so romantisch — die wunderbaren Bäume, die Berge, die Flüsse, die Wasserfälle. Ach, wie schön!"

3. „Das Land habe ich auch gern," sagt Vater. „Wir nehmen die Schnellstraße bis Augsburg. Nach der Autobahnbrücke biegen wir links ab, und in dem nächsten kleinen Dorf nehmen wir die Straße in die Berge. Der VW fährt prima in den Bergen."

4. „Das Land ist wunderbar," sagt Mutter. „Ihr könnt machen, was ihr wollt. Ich liege in einem Liegestuhl und schlafe."

5. „Toll, das Land!" sagt Hans. „Es ist voller Insekten."

6. Hier ist die Familie Ehlers auf dem Lande. Sie ist nicht gerade glücklich. Julia findet die Landschaft häßlich. Die Berge sind zu viel für das Auto — es ist jetzt kaputt. Die Liegestühle sind leider zu Hause, und Mutter sitzt im Gras. Das Gras ist naß. Nur Hans ist glücklich. Er hat eine Spinne. Sie ist groß, schwarz und ganz, ganz häßlich. „Toll, das Land!" sagt Hans.

GRAMMAR NOTES

1. **ihr** is the plural of **du**. It is used when talking to more than one close friend or relative.

   ihr wohnt ⎫
   ihr macht ⎬— the **ihr** form of the verb ends in **-t**.
   ihr wollt ⎭

   All verbs are regular in their **ihr** form except **sein: ihr seid**.

2. **der Baum — die Bäume**
   der Berg — die Berge
   die Wurst — die Würste
   Many German nouns form their plural by adding **-e**. A lot of these modify their vowel as well.
   die is the plural form for all genders.

3. **sie gehen hinter *die Bäume***
   sie stehen hinter *den Bäumen*
   Nouns in the dative plural add an extra **-n**.
   den is the dative plural form for all genders.

4. **Die Spinne ist *schwarz* —** no ending on adjective.
   In dem *anderen* Liegestuhl liegt Mutter — -en ending on adjective.
   When an adjective stands before a noun its most usual ending is **-en**. There are exceptions to this which we shall learn about later.

1. **Sätze** (*sentences*) **über die Bildvokabeln. Ergänzen Sie:**
   1. Ein Baum steht....
   2. Die Flüsse sind....
   3. Ein Auto fährt....
   4. Der Wasserfall ist....
   5. Julia liegt....
   6. Mutter liegt....
   7. Mutter und Julia schlafen....
   8. Hans und sein Vater sind....
   9. Hans steht....
   10. Das Auto ist....

2. Satzbildung:

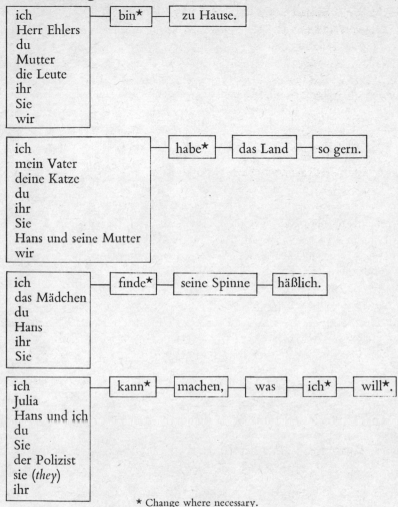

ich / Herr Ehlers / du / Mutter / die Leute / ihr / Sie / wir — bin* — zu Hause.

ich / mein Vater / deine Katze / du / ihr / Sie / Hans und seine Mutter / wir — habe* — das Land — so gern.

ich / das Mädchen / du / Hans / ihr / Sie — finde* — seine Spinne — häßlich.

ich / Julia / Hans und ich / du / Sie / der Polizist / sie (they) / ihr — kann* — machen, — was — ich* — will*.

* Change where necessary.

3. Ihre guten Freunde Herr Ehlers und Julia stellen die Fragen. Beantworten Sie:

1. Wo sind wir?
2. Was haben wir vor?
3. Haben wir das Land gern?
4. Welche Straße nehmen wir?
5. Wo biegen wir links ab?
6. Was machen wir in dem nächsten kleinen Dorf?
7. Was machen wir, während Mutti schläft? (**während** = *whilst*)

8. Finden wir die Landschaft schön?
9. Warum fahren wir nicht weiter? (**weiter** = *on; further*)
10. Sind wir alle unglücklich?

4. Verbessern Sie:

1. Die Katze hat etwas vor.
2. Vater hat seine Landkarte im Auto.
3. Herr Ehlers studiert die Zeitung.
4. Die Familie macht heute einen Ausflug in die Stadt.
5. Mutter findet das Land romantisch.
6. Nach der Autobahnbrücke biegt der VW rechts ab.
7. „Ich sitze in einem Lehnstuhl,“ sagt Mutter.
8. Die Liegestühle sind hinter dem Volkswagen.
9. Das Gras ist trocken.
10. Hans ist glücklich, denn er hat ein Spiegelei.

5. Fragen über die Bildvokabeln. Beantworten Sie:

1. Wo ist der Wasserfall?
2. Wo ist die Brücke?
3. Wohin fährt das Auto?
4. Wo sind Hans und sein Vater?
5. Ist ein Dorf so groß wie eine Stadt?
6. Warum ist Hans naß?
7. Wer liegt in den Liegestühlen?
8. Warum antworten sie nicht?
9. Die Spinne ist schön, nicht wahr?
10. Wie schnell fährt das Auto?

6. Fragen über die Bildergeschichte. Beantworten Sie:

1. Wo sitzt die Familie Ehlers?
2. Warum hat Vater die Karte auf dem Tisch?
3. Was macht die Familie heute?
4. Welche Idee von dem Land hat Julia?
5. Warum will Vater in die Berge fahren?
6. Was macht Mutter auf dem Lande?
7. Was hat Hans gern?
8. Warum ist der VW kaputt?
9. Warum sitzt Mutter nicht gern im Gras?
10. Wer ist glücklich?

Die Spinne

Die Familie Ehlers macht ein Picknick auf dem Lande. Sie hat Brot, Butter, Käse, Wurst, Bier und Milch.

Vater: Noch etwas Brot, bitte.
Julia: Bitte, Vati.
Vater: Danke schön.
Mutter: Enorm, wie viel ihr eßt. Das nächste Mal bringe ich zweimal so viel mit.
Hans: Komisch. Wo ist sie?
Julia: Wer, Hans?
Hans: Meine Spinne. Sie war hier auf meiner Hand. Jetzt ist sie nicht mehr da.
Mutter: Wo ist sie denn?
Vater: Dort ist sie, auf deinem Kopf!
Mutter: Was? Auf meinem Kopf?
Julia: Nein, sie ist nicht mehr da. Wo ist sie jetzt?
Hans: Dort, Vati, auf deiner Schulter.
Vater: Was, auf meiner Schulter?
Hans: Nein, jetzt ist sie weg.
Julia: Ich sehe sie nicht mehr.
Mutter: Da ist sie, auf deinem Bein.
Julia: Auf meinem Bein? Wo? Oh! Geh weg, geh weg!
Vater: Jetzt ist sie wieder weg.
Julia: Insekten sind alle häßlich.
Hans: Meine Spinne ist nicht häßlich. Sie ist nett, ich habe sie sehr gern.
Julia: Du hast sie gern? Gut.
Hans: Wieso gut?
Julia: Jetzt ist sie in deiner Milch!

Vokabeln:

komisch — *funny*
der Kopf — *head*
die Schulter — *shoulder*
weg — *gone; away*
das Bein — *leg*

da — *there*
wieso? — *what do you mean?*
war — *was*
das Brot — *bread*

NEUNTE LEKTION

BILDVOKABELN

1. Heute ist Mittwoch.

Es ist Mittwoch, der neunte Dezember. Gestern war Dienstag, der achte, und morgen ist Donnerstag, der zehnte. Übermorgen ist Freitag, und vorgestern war Montag. Der Tag vor Montag ist Sonntag, und der Tag nach Freitag heißt Sonnabend in Norddeutschland und Samstag in Süddeutschland.

2. Das ist eine Obsttorte.

Ißt du gern Obsttorte? Ja, ich auch. Die schmeckt sehr gut!

3. Das sind drei Obstsorten — eine Banane, zwei Kirschen und eine Birne.

Die Birne wächst an einem Birnbaum, die Kirsche wächst an einem Kirschbaum, und die Banane wächst an einer Palme.

4. Da sind noch zwei Obstsorten. Wir sehen eine Ananas zwischen zwei Pfirsichen.

Das sind Südfrüchte. Sie kommen aus dem Süden. Der Pfirsich ist meine Lieblingsfrucht. Ist er auch eure Lieblingsfrucht?

5. Das ist eine Kaffeekanne und eine Tasse.

In Deutschland trinkt man um vier Uhr nachmittags Kaffee. Der Kaffee ist stark und sehr gut. Nehmt ihr Kondensmilch und Zucker in euren Kaffee? In Deutschland trinkt man selten Kaffee mit frischer Milch.

6. Hier haben wir einen Sack voll Mehl.

Bäckst du Brot? Dann brauchst du Mehl.

7. Mutter ist böse.

Sie spricht mit Hans. Was sagt sie? Sie sagt: „Du bist ein unartiger Junge!"

8. Hier seht ihr einen Kreis.

Er ist rund, der Kreis, nicht wahr? Ist er viereckig? — Nein, ein Kreis ist nie viereckig, er ist immer rund. Eine Orange ist auch rund.

Ein Rezept

1. Heute ist Sonntag. Mutter ist in der Küche. Sie steht am Herd und kocht das Mittagessen. Julia sieht in den Topf, und Hans sucht etwas zu essen im Schrank. „Was macht ihr denn in meiner Küche?" fragt Mutter. „Weg von meinem Topf! Und was suchst du im Schrank, Hans?"

2. „Sind die Obsttorten von gestern noch da? Ich habe Hunger." — „Ja, sie sind noch da; aber wir essen sie um vier Uhr zu unserem Kaffee. Jetzt nicht."

3. „Wie machst du so was, Mutti?" fragt Julia. „Das muß enorm schwierig sein." — „Aber nein, gar nicht," erwidert Mutter. „Zuerst bäckt man einen Tortenboden. Den macht man aus Butter, Mehl und Zucker; man braucht auch ein Ei.

4. „In die Mitte legt man einen halben Pfirsich. Dann kommt ein Kreis von Kirschen, dann ein Kreis von Ananas, dann ein Kreis von Bananen, schließlich ein Kreis von Birnen. Dann kommt ein Guß darauf, und die Torte ist fertig." — „Das klingt wunderbar. Ich kann kaum bis vier Uhr warten."

5. Hans kann auch nicht warten. Während Mutti spricht, steigt er auf den Tisch, öffnet den Schrank und holt eine Torte heraus.

6. Aber o weh! Die Torte rutscht aus seiner Hand und fällt auf den Boden. Zuerst ist Mutter sehr erschrocken und dann sehr böse. Aber glücklicherweise ist die zweite Torte noch da.

GRAMMAR NOTES

1. ich habe **mein** Buch   wir haben **unser** Buch
   du hast **dein** Buch   ihr habt **euer** Buch
          Sie haben **Ihr** Buch
   er hat **sein** Buch
   es hat **sein** Buch   sie haben **ihr** Buch
   sie hat **ihr** Buch
   These possessive adjectives all take the same endings as **ein.**

2. **eine Banane — zwei Bananen**
   eine Birne   — zwei Birnen
   eine Kanne   — zwei Kannen
   A large number of nouns make their plural by adding **-n** or **-en.**

3. **machen — man macht**
   backen   — man bäckt
   man has the same form of the verb as **er.** It means *one, people, you* in a general sense.

---

1. **Fragen über das erste Bild auf Seite 68. Beantworten Sie:**
   1. Was ist heute für ein Tag? (*What day is it?*)
   2. Was war vorgestern für ein Tag?
   3. Was ist morgen für ein Tag?
   4. Was ist übermorgen für ein Tag?
   5. Was war gestern für ein Tag?
   6. Der wievielte ist heute? (*What is the date?*)
   7. Der wievielte war gestern?
   8. Der wievielte ist Donnerstag?
   9. Der wievielte war vorgestern?
   10. Der wievielte ist übermorgen?

2. **Ergänzen Sie:**
   1. Ich habe m. . . .
      — Ich habe meinen Kugelschreiber.
   2. Sie machen I. . . .
   3. Sie bäckt i. . . .
   4. Wir öffnen u. . . .
   5. Du suchst d. . . .
   6. Habt ihr e. . .?
   7. Meine Mutter findet i. . . .
   8. Das Mädchen ißt i. . . .
   9. Hans und Julia kaufen i. . . .
   10. Er trinkt s. . . .

72

3. Verbessern Sie:

1. Die Birne wächst an einer Palme, und die Banane an einem Kirschbaum.
2. Ein Kreis ist immer viereckig.
3. Bäckst du Brot? Dann brauchst du Butter.
4. Mutter sagt zu Hans: „Du bist ein sehr artiger Junge."
5. Der Tag nach Freitag heißt Sonnabend in Süddeutschland.
6. In Deutschland trinkt man um zehn Uhr abends Kaffee.
7. Julia kocht das Mittagessen in der Küche.
8. Hans sucht etwas zu trinken im Schrank.
9. Julia kann kaum bis Mittag warten.
10. Zuerst ist Mutter sehr böse und dann sehr erschrocken.

4. Wiederholen Sie (repeat) die Sätze mit den kursivgedruckten Wörtern (words in italics) im Plural:

1. Das *ist eine Banane*.
2. *Die Kaffeekanne ist* auf dem Tisch.
3. *Der Baum ist* in meinem Garten.
4. Ist das *dein* Buch?
5. *Dein Pfirsich liegt* auf dem Küchentisch mit *der Birne*.
6. *Meine Obsttorte schmeckt* wunderbar.
7. *Seine Wurst ist* zu heiß.
8. *Sie kocht ihr* Mittagessen.
9. *Sein Liegestuhl steht* unter *dem Baum*.
10. *Haben Sie Ihr* Auto?

5. Fragen über die Bildvokabeln. Beantworten Sie:

1. Was ist der Unterschied zwischen Samstag und Sonnabend? (der Unterschied = *difference*)
2. Warum essen Sie gern Obsttorte?
3. Wo wachsen Kirschen?
4. Nennen Sie drei Südfrüchte! (nennen = *name*)
5. Woher kommen Südfrüchte? (woher = *where from*)
6. Wie ist der Kaffee in Deutschland?
7. Wann trinkt man Kaffee?
8. Mit wem spricht Mutter?
9. Ist eine Orange viereckig?
10. In Deutschland trinkt man Kaffee mit frischer Milch, nicht wahr?

6. Fragen über die Bildergeschichte. Beantworten Sie:

1. Was ist heute für ein Tag?
2. Was macht Mutter in der Küche?
3. Warum ist Hans in der Küche?
4. Warum will er essen?
5. Wann ißt die Familie die Obsttorten?
6. Wie macht man einen Tortenboden?
7. Was für Obst legt man auf den Tortenboden?
8. Was macht Hans, während Mutti spricht?
9. Die Torte fällt auf den Boden — wie ist Mutter?
10. Kann die Familie um vier Uhr noch Obsttorte essen? Wieso?

Auf dem Dach

Eine Leiter ist an das Nachbarhaus gelehnt. Julia hält die Leiter. Hans ist oben auf dem Dach. Plötzlich erscheint der Nachbar.

Nachbar: Hallo! Was macht ihr denn da?
Hans: Wir suchen unsre Katze.
Nachbar: Eure Katze?
Julia: Ja, sie ist oben auf Ihrem Dach.
Nachbar: Aber das ist ja unerhört! Komm doch gleich herunter! Du machst mein ganzes Dach kaputt.
Hans: Aber die Katze?
Nachbar: Laß deine Katze!
Hans: M e i n e Katze ist es nicht. Es ist ihre Katze.
Julia: Nein, es ist nicht nur meine, es ist unsre Katze.
Nachbar (sehr böse): Das ist mir ganz egal! *(zu Hans)* Komm herunter!
Julia: Ich rufe. Vielleicht springt sie herunter. Kätzchen! Kätzchen!
Die Katze springt herunter.
Nachbar: (*er schreit sehr laut, denn die Katze landet auf seinem Kopf*)
Hans: Sehen Sie! Ihr Dach macht sie doch nicht kaputt.
Nachbar: Nein! Aber meinen Kopf!

Vokabeln:

die Leiter — *ladder*
der Nachbar — *neighbour*
halten — *hold*
unerhört — *outrageous*
gelehnt — *leaning*
das ist mir egal—*it's all the same to me*

vielleicht — *perhaps*
doch — *just; after all*
lassen — *leave*
das Dach — *roof*
rufen — *call*

74

Waagerecht

1. Er steht oft vor einem Laden. (11)
6. Ich heiße Fritz. Das ist mein —. (4)
8. Zweimal zwei ist vier.— Sie das nicht? Dann sind sie nicht sehr intelligent! (6)
10. „Guten Tag", — Herr Ehlers. (4)
11. Ich bin ein Flieger in einem Flugzeug. Ich —. (6)
13. Hans hat —. Er muß essen. (6)
16. Das ist Hans. (2)
17. An dem. (2)
18. In dem — sieht man den Film. (4)
19. Das Stopplicht—einem Auto ist rot. (2)
21. Hans hat eine Flasche Coca-cola. — — —? (6, 2, 3)

Senkrecht

1. Julia findet sie häßlich. (10)
2. Heute ist Sonnabend. Was war gestern für ein Tag? (7)
3. — ist mein Buch? Da ist es! (2)
4. In dem Fenster und in dem Küchenschrank. (4)
5. Heute ist Freitag der achtzehnte. Morgen ist der —. (10)
7. Ein Auto. (2)
9. Er spielt. (7)
11. „Wieso?" — Julia. (5)
12. 16. (2)
14. — vier Uhr. (2)
15. Das ist das Mädchen. (2)
20. Nicht aus. (2)

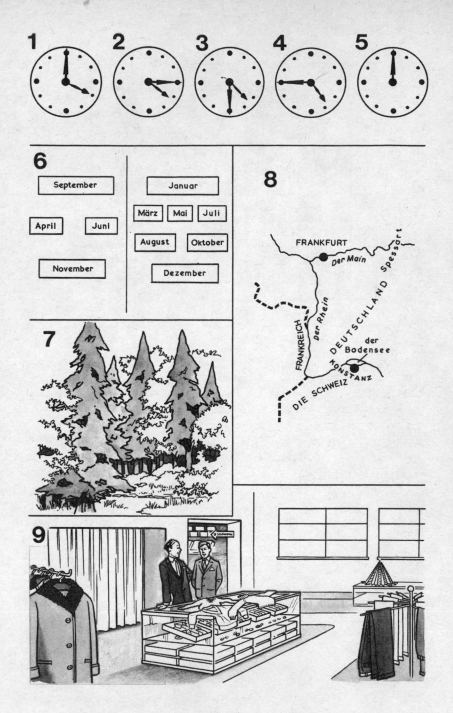

ZEHNTE LEKTION

BILDVOKABELN

1. Das ist eine Uhr. Es ist vier Uhr auf dieser Uhr.

    Wieviel Uhr ist es? Es ist vier Uhr. Oh, Entschuldigung. Um vier Uhr habe ich eine Verabredung.

2. Es ist Viertel nach vier.

    Wie spät ist es? Es ist Viertel nach vier. So spät! Meine Uhr geht nach.

3. Es ist jetzt halb fünf.

    Halb vier, meinen Sie. Nein, halb f ü n f — vier Uhr dreißig.

4. Es ist Viertel vor fünf.

    Viertel vor fünf oder fünfzehn Minuten vor fünf. Das ist dasselbe.

5. Es ist Mittag.

    Wie spät ist es? Es ist Mittag — oder vielleicht Mitternacht.

6. Das sind die Monate.

    Die vier Monate links haben je dreißig Tage. Die sieben Monate rechts haben je einunddreißig Tage. Februar ist nicht da. Er hat nur achtundzwanzig Tage — oder neunundzwanzig in einem Schaltjahr.

7. Hier haben wir einen Wald.

    Dieser Wald ist ein Tannenwald. Die Bäume in diesem Wald sind Tannenbäume.

8. Das ist eine Karte von Südwestdeutschland.

    Die Grenze zwischen Deutschland und Frankreich ist hier der Rhein. Er bildet auch die Grenze zwischen Deutschland und der Schweiz. Er fließt durch den Bodensee. Am Bodensee liegt die Stadt Konstanz. Der Main ist ein Nebenfluß vom Rhein. Am Main liegt die Stadt Frankfurt, und östlich von Frankfurt ist der Spessart, eine schöne Gegend mit vielen Wäldern.

9. Auf diesem Bild sehen Sie die Abteilung für Herrenartikel in einem Warenhaus.

    Links sind ein paar Mäntel an einer Stange. Rechts hängen Hosen. In der Mitte ist ein Ladentisch mit drei Pullovern. Hinter dem Ladentisch plaudern zwei Verkäufer. Ganz hinten hängen ein paar Schlipse.

Urlaubspläne

1. Es ist Viertel nach vier. Julia ist im Reisebüro. Im August fährt die Familie auf Urlaub, und Julia sucht ein paar Broschüren. „Wohin fahren Sie?" fragt der junge Mann im Reisebüro. „Tja, ich weiß noch nicht," sagt Julia. „England ist sehr schön und sehr interessant," sagt der Mann hinter dem Ladentisch. „Der Aufenthalt kostet auch nicht viel — England ist sehr billig." — „Das kann sein," erwidert Julia, „aber in England regnet es immer — und die Länder im Norden sind immer so kalt. Nein, ich möchte irgendwohin in den Süden — nach Spanien vielleicht. Haben Sie eine Broschüre von der Costa Brava?" — „Ja, natürlich," sagt der junge Mann.

2. Es ist Viertel vor fünf. Vater ist in einem Warenhaus. Er steht in der Sportabteilung und probiert eine Angelrute aus. „Wissen Sie," sagt er zum Verkäufer, „wir fahren Mitte August auf Urlaub, und ich brauche eine neue Angel. Was kostet diese?" — „Fünfundvierzig Mark, mein Herr. Sie ist sehr schön, nicht wahr? Wohin fahren Sie denn?" — „Oh, ich weiß noch nicht. Zum Bodensee vielleicht."

3. Es ist fünf Uhr. Hans ist bei seinem Freund Karl. Sie stehen im Garten von Karls Haus. In dem Garten steht auch ein Zelt. Hans ist begeistert. „Das Zelt ist aber toll, du," sagt er. „Ein Geburtstagsgeschenk, sagst du?" — „Ja, sicher. Das Zelt ist gar nicht schlecht. Ich will im August zelten, irgendwo im Wald." — „Im Spessart vielleicht? Da sind wunderschöne Wälder." — „Das ist aber eine gute Idee," meint Karl. „Kommst du mit?" — „Kann ich?" — „Aber natürlich — warum nicht?"

4. Es ist sieben Uhr abends. Die Familie sitzt im Wohnzimmer. „Wir wollen Mitte August auf Urlaub fahren," sagt Mutter. „Wohin fahren wir?" — „Ich denke, zum Bodensee," sagt Vater. „Dort kann man sehr gut angeln." — „Ach nein," sagt Julia. „Am Bodensee regnet es immer. Wir wollen nach dem Süden, wo die Sonne scheint. Ich habe eine Broschüre von der Costa Brava." — „Ihr könnt machen, was ihr wollt," sagt Hans. „Ich fahre sowieso nicht mit. Ich zelte mit Karl Mittag im Spessart."

5. „Aber nein," sagt Mutter. „Wir fahren alle zusammen. Letztes Jahr war meine Freundin Christel in Valencia an der Costa Brava. Dort in der Nähe ist ein wunderschöner See mit Wäldern ringsherum, und man kann dort sehr gut angeln. Du, Julia, du kannst in der Sonne liegen, und wir zelten alle am Ufer. Ja, Hans, und

dein Freund Karl kommt auch mit, wenn er will." — „Ja, Mutti, das ist alles sehr schön, aber was machst du?" — „Oh, ich weiß noch nicht. Vielleicht stricke ich einen neuen Pullover."

GRAMMAR NOTES

1.   **Wieviel Uhr ist es?**
   or, **Wie spät ist es?**
      Es ist ein Uhr
         zehn Minuten nach ⎤
            eins
         zwei Uhr
         Viertel nach zwei   ⎧ **nachts**   ⎤
         drei Uhr   ⎨ **vormittags** ⎬ = *a.m.*
         halb *vier*   ⎩ **(morgens)**   ⎭
         vier Uhr
         zwanzig Minuten   **nachmittags** ⎤
            vor fünf   **abends**   ⎬ = *p.m.*
         fünf Uhr
         eine Minute vor
            zwölf   ⎦
      Es ist Mittag
      Mitternacht

2. **der Verkäufer — zwei Verkäufer**
   der Mantel   — zwei Mäntel
   der Pullover — zwei Pullover
      Some German nouns do not change in the plural, or simply add a modification to the main vowel.

3. **der Wald — die Wälder**
   das Land — die Länder
      A few German nouns add **-er** and modify their vowel to form their plural.

---

1. **Verbessern Sie:**
   1. Um Viertel nach zwei ist Vater im Reisebüro.
   2. Julia sucht ein paar Insekten.
   3. „In England regnet es nie," sagt Julia.
   4. „Ich möchte irgendwohin in den Norden," denkt Julia.
   5. Das Zelt steht im Garten hinter Karls Haus.
   6. Karl will irgendwo in der Stadt zelten.
   7. „Das Zelt ist gar nicht toll," meint Karl.
   8. Julia will zum Bodensee, wo die Sonne scheint.

9. Letztes Jahr war Christel im Spessart.
10. In der Nähe von Valencia ist ein wunderschöner See mit Polizisten ringsherum.

2. **Ergänzen Sie:**

1. „. . . .," s– Julia.
2. „. . . .?" f– ich.
3. „. . . .," m– die zwei Verkäufer.
4. „. . . .," d– ihr.
5. „. . . .," a– meine Mutter.
6. „. . . .?" f– wir.
7. „. . . .," e– Sie.
8. „. . . .," s– du.
9. „. . . .," m– Hans.
10. „. . . .," d– der junge Mann.

3. **Wieviel Uhr ist es?**

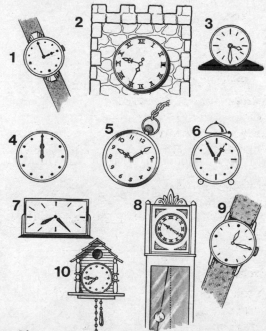

4. **Ergänzen Sie:**

1. Der Monat vor Dezember ist. . . .
2. Der Monat nach Februar ist. . . .
3. Der Monat vor Oktober ist. . . .
4. Der Monat vor Juli ist. . . .

5. Der Monat nach März ist....
6. Der Monat vor Juni ist...
7. Der Monat nach Dezember ist....
8. Der Monat nach April ist....
9. Der Monat vor September ist....
10. Der Monat vor November ist....

5. **Wiederholen Sie mit den kursivgedruckten Wörtern im Plural — Vorsicht bei dem -*n* des Dativs!**
   1. *Die Broschüre habe ich* schon.
   2. *Er kauft einen Schlips.*
   3. *Eine Minute ist* nicht so lang wie *ein Tag.*
   4. Dein *Mantel ist* im Schrank.
   5. In *welchem Land wohnen Sie?*
   6. *Die Hose ist* auf *dem Lehnstuhl.*
   7. *Ich kaufe meine* Bananen *im Warenhaus.*
   8. *Sein Nebenfluß fließt* nach dem Norden.
   9. *Im Wald steht ein Tannenbaum.*
   10. Hinter der Stange mit *dem Mantel plaudert der Verkäufer.*

6. **Fragen über die Bildvokabeln. Beantworten Sie:**
   1. Wie spät ist es auf der dritten Uhr?
   2. Was ist später: halb vier oder vier Uhr dreißig?
   3. Wie viele Tage hat der März?
   4. Hat der Februar immer achtundzwanzig Tage?
   5. Welcher Fluß bildet die Grenze zwischen Deutschland und Frankreich?
   6. Welche Bäume findet man in einem Tannenwald?
   7. Durch welchen See fließt der Rhein?
   8. An welchem Fluß liegt Frankfurt?
   9. Was ist Konstanz?
   10. Was kann man in einer Abteilung für Herrenartikel kaufen?

7. **Fragen über die Bildergeschichte. Beantworten Sie:**
   1. Was macht Julia im Reisebüro?
   2. Warum?
   3. Welches Land empfiehlt der junge Mann im Reisebüro? (**empfehlen** = *recommend*)
   4. Warum?
   5. Wohin will Julia fahren?
   6. Was macht Vater im Warenhaus?
   7. Wo will Vater im Sommer angeln?
   8. Was kostet seine neue Angelrute?

9. Wann fährt die Familie auf Urlaub?
10. Um wieviel Uhr steht Hans im Garten von Karls Haus?
11. Ist er dort allein?
12. Hat er das Zelt gern?
13. Was will Karl mit dem Zelt machen?
14. Wer will mit?
15. Um wieviel Uhr sitzt die Familie im Wohnzimmer?
16. Warum will Julia nicht zum Bodensee?
17. Will Hans mit der Familie auf Urlaub fahren?
18. Wer war letztes Jahr in Spanien?
19. Wo an der Costa Brava kann Vater angeln?
20. Was macht Mutter dort?

Einpacken

Die Familie packt ein.

Hans: Vati, hast du meinen Schlips? Ich finde ihn nicht. Er ist rot mit einem grünen Streifen.

Vater: Nein, ich habe ihn nicht. Aber ich kann meinen neuen Pullover nicht finden. Hast du ihn in deinem Koffer?

Hans: Nein, er ist nicht hier.

Julia: Komisch! Hier ist eine Herrenhose in meinem Koffer. Ist es deine, Hans?

Hans: Nein, sie ist viel zu groß. Ist das deine Hose, Vati?

Vater: Aha! Meine Sporthose! Die suche ich überall!

Mutter: Habt ihr vielleicht meinen Regenmantel? Er ist nicht im Kleiderschrank.

Julia: Hans, das ist sicher Muttis Regenmantel in deinem Koffer.

Hans: Was? Ach ja, das ist ein Damenmantel.

Mutter: Mein Mantel ist es aber nicht.

Julia: Ach du liebe Zeit! Das ist mein Mantel. Was machst du mit meinem Mantel in deinem Koffer?

Hans: Was weiß ich? Ich wette, du hast meinen roten Schlips in deinem Koffer.

Mutter: Am besten kauft die ganze Familie einen einzigen großen Reisekoffer und steckt alles hinein!

Vokabeln:

packt.... ein — *packs up*	ganz (*adj.*) — *whole*
der Streifen — *stripe*	einzig — *single; only*
ihn — *him; it*	der Reisekoffer — *trunk*
der Koffer — *case*	stecken — *put*
überall — *everywhere*	hinein — *into it*
wetten — *bet*	

ELFTE LEKTION

Grammar Survey

1. VERBS

Here is the complete present tense of a weak verb:

singular	plural
ich wohne	wir wohnen
du wohnst Sie wohnen	ihr wohnt Sie wohnen
er sie }wohnt es	sie wohnen

The familiar forms **du** and **ihr** are used to address:

> The **Sie** (*you*) form of all verbs is identical with the **sie** (*they*) form.

close friends
relatives
school and university contemporaries
children
animals

Here are the present tenses of the new strong verbs we have met:

backen* — *bake*
ich backe   wir backen
du bäckst   ihr backt
er bäckt   sie backen

können — *can; be able to*
ich kann   wir können
du kannst   ihr könnt
er kann   sie können

lassen — *leave; let*
ich lasse   wir lassen
du läßt   ihr laßt
er läßt   sie lassen

sprechen — *speak*
ich spreche   wir sprechen
du sprichst   ihr sprecht
er spricht   sie sprechen

wachsen — *grow*
ich wachse   wir wachsen
du wächst   ihr wachst
er wächst   sie wachsen

wollen — *want*
ich will   wir wollen
du willst   ihr wollt
er will   sie wollen

Note 1. Strong verbs with a vowel change in the **er** form show the same vowel change in the **du** form, e.g.

---

*The forms **du backst, er backt** are also found.

    nehmen: er nimmt — du nimmst
    fahren: er fährt   — du fährst
Note 2. The familiar forms of **sein** are: **du bist, ihr seid.**

The infinitive generally comes at the end of the sentence:

    Ich kann das Buch nicht *finden*
    Ich will meinen Schlips *haben*

Infinitives of motion (**gehen, fahren, kommen**) need not be expressed after **ich will, ich kann, ich möchte.** Thus we have had:

Ich möchte nach Spanien = I should like *to go* to Spain
Wir wollen in den Süden = We want *to go* south

2. PREPOSITIONS

A large number of the prepositions we have encountered may involve *motion towards*. If they do (and the motion must be *towards*, not away from), they take the accusative case instead of the dative:

    ich wohne in *der* Stadt
    ich fahre in *die* Stadt
    ich komme aus *der* Stadt

Note however that **zu** and **nach** always take the dative, whether motion towards is involved or not.

3. POSSESSIVE ADJECTIVES

mein — *my*	unser — *our*
dein — *your* Ihr — *your (formal)*	euer — *your*
sein — { *his* *its* ihr — *her*	ihr — *their*

These all take the same endings as **ein.** Resist the temptation to decline **unser** and **euer** like **der** merely because they also end in **-er**:

das ist *ein* Buch — das ist *mein* Buch — das ist *unser* Buch

unser (sometimes) and **euer** (always) lose the **-e-** before their **-r** when they have an ending:

    das ist unsre Tochter
    das ist eure Mutter

85

4. PLURAL OF ARTICLES

	plural, all three genders	
	der	**ein**-*type words*★
nominative	**die** Leute	**keine** Leute
accusative	**die** Leute	**keine** Leute
dative	**den** Leuten	**keinen** Leuten

Note 1. Unless they have the plural ending **-s** or **-(e)n**, dative nouns add **-n** to their plural ending.

Note 2. **dieser, diese, dieses** (*this; that*) ⎫ decline like
welcher, welche, welches (*which?*) ⎭ **der.**

5. NOUN PLURALS

German nouns form their plurals in several ways. There are no watertight rules to determine which way any given noun will form its plural. Plurals, like genders, must be learnt individually with each noun. The following are merely indications and there are many exceptions:

	singular	*plural*
masculine nouns	ending **-el, -en, -er** ending **-e** single syllable nouns a very few single syllable nouns	no ending, most modify **-n**★★ **-e**, usually modify **∺er**
feminine nouns	single syllable nouns more than one syllable ending **-in**	some **∺e**, most **-en** **-(e)n** **-nen**
neuter nouns	ending **-el, -en, -er** ending **-lein, -chen** single syllable nouns	no change no change most **∺er**, some **-e**

The plural **-s** is also possible, on words of foreign origin. We have so far met:

das Büro — die Büros
das Auto — die Autos
das Kino — die Kinos

★**ein** itself has no plural.
★★These nouns also add **-n** to all cases of the singular except the nominative. They are called 'weak' nouns.

6. NUMBERS

ein, eine, ein (eins	**elf**	**dreißig**
when counting)	**zwölf**	**vierzig**
zwei (zwo when	**dreizehn**	**fünfzig**
telephoning)	**vierzehn**	**sechzig**
drei	**fünfzehn**	**siebzig**
vier	**sechzehn**	**achtzig**
fünf	**siebzehn**	**neunzig**
sechs	**achtzehn**	**hundert**
sieben	**neunzehn**	**tausend**
acht	**zwanzig**	**eine Million**
neun	**einundzwanzig**	
zehn	**zweiundzwanzig**, etc.	

Ordinals

der, die, das erste (1. or I.)
zweite (2. or II. etc.)
dritte
vierte
fünfte
sechste
sieb(en)te
achte
neunte, etc.
zwanzigste
einundzwanzigste, etc.
~~**dreißigste**~~
vierzigste, etc.

Halves

anderthalb — $1\frac{1}{2}$
zweieinhalb — $2\frac{1}{2}$
dreieinhalb — $3\frac{1}{2}$
viereinhalb — $4\frac{1}{2}$
etc.

7. DATES

Der wievielte ist heute? — *What is the date?*

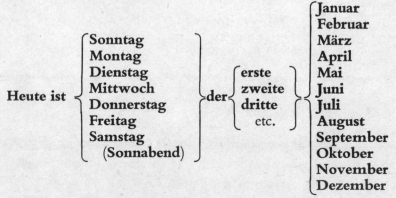

Heute ist { Sonntag / Montag / Dienstag / Mittwoch / Donnerstag / Freitag / Samstag / (Sonnabend) } **der** { erste / zweite / dritte / etc. } { Januar / Februar / März / April / Mai / Juni / Juli / August / September / Oktober / November / Dezember }

Note the prepositions:

am **ersten Januar** — *on the* first of January
am **Sonntag** — *on* Sunday
im Jahre 1910 (or just 1910) — *in* 1910
um **drei Uhr** — *at* 3 o'clock
im Juli — *in* July

8. TIME

Twelve-hour clock:

ein Uhr (**eins**)
zwei Uhr
drei Uhr
    etc.

(Note that **Uhr** = *o'clock*. *Hour* is **die Stunde**.)

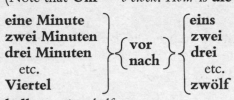

eine Minute		**eins**
zwei Minuten	**vor**	**zwei**
drei Minuten	**nach**	**drei**
etc.		etc.
Viertel		**zwölf**

N.B. **halb *zwei*** = *half past* one
halb *drei* = *half past* two
    etc.   etc.

Mittag — *noon*
Mitternacht — *midnight*

German does not use a.m. and p.m. Instead it uses:
nachts   = *at night*
vormittags or **morgens** = *in the morning*
nachmittags   = *in the afternoon*
abends   = *in the evening*

Twenty-four-hour clock:

14.00 — **vierzehn Uhr** = 2 p.m.
14.15 — **vierzehn Uhr fünfzehn** = 2.15 p.m.
14.30 — **vierzehn Uhr dreißig** = 2.30 p.m.
The twenty-four-hour clock is used for all official purposes.

Note these time expressions:

gestern	**morgen**	*yesterday*	*morning*
heute	**nachmittag**	= *this*	*afternoon*
morgen	**abend**	*tomorrow*	*evening* (*night*)

— but one says **morgen früh** for *tomorrow morning*.

88

9. MAN

This pronoun has the general, indefinite meaning expressed in English by *one, people, they, you*. (It is similar to the French *on*.)

Man always has the same part of the verb as **er**; its possessive form is **sein**; for accusative and dative the forms **einen** and **einem** are used.

Exercises

1. **Write *der, die* or *das* before:**

Abteilung; Angelrute; Autobahn; Banane; Baum; Bein; Berg; Bergsteiger; Birne; Broschüre; Brücke; Bude; Bushaltestelle; Dach; Dame; Dorf; Familie; Film; Fluß; Freundin; Frucht; Garten; Geburtstag; Gegend; Grenze; Haar; Hauptrolle; Hose; Hund; Idee; Jahr; Junge; Kaffeekanne; Karte; Kino.

2. **Write *der, die* or *das* before:**

Kasse; Kirsche; Koffer; Kopf; Kreis; Krieg; Liegestuhl; Landschaft; Leiter; Mann; Nachbar; Obsttorte; Orange; Paar; Palme; Pfirsich; Saal; Schein; Schlips; Schuh; Schulter; Schwester; Spinne; Stange; Streifen; Stunde; Tag; Tanne; Ufer; Vorstellung; Wald; Wasserfall; Wurst; Zeit; Zelt.

3. **Write the nouns in exercises 1 and 2 in the plural.**

4. **Complete:**

1. Hans fährt mit sei– Schwester in d– Stadt.
2. Sie gehen über d– Straße und in d– Kino.
3. Er wohnt in d– Bahnhofstraße und hat ei– Sohn und ei– Tochter.
4. Uns– Mutter sucht d– zwei Liegestühl– in d– Schrank.
5. Mit mei– Freundin– kommen zwei Junge–.
6. Hans sieht eu– Vater auf ei– Berg.
7. D– Ananas liegt zwischen zwei Pfirsich–.
8. Dies– Mädchen können ih– Zehnmarkschein nicht finden.
9. In eu– Reisekoffer sind mei– Regenmantel und mei– zwei roten Schlips–.
10. In tropischen Länd– findet man schöne Insekt–.

5. **Write in full the following dates and times (12-hour clock):**

11.11.1966; 3.1.1921; 7.3.1759; 31.5.1111; 25.12.1930; 20.7.1402; 17.2.1899; 1.4.1673; 8.6.1384; 2.8.1515.
8.15 a.m.; 12 noon; 9.22 p.m.; 3.45 p.m.; 12.12 a.m.; 1 p.m.; 7.01 p.m.; 6.30 a.m.; 5.55 p.m.; 12 midnight.

6. **Give the appropriate form of the following verbs:**

ich (können); du (machen); ihr (wollen); wir (sein); sie (*she*) (spechen); er (wachsen); es (lassen); Sie (wollen); er (backen); sie (*they*) (nehmen); ihr (können); du (lassen); ich (wollen); ihr (sein); ihr (essen); du (sein); sie (*she*) (gehen); wir (suchen); es (können); du (nehmen).

7. **Write in German seven or eight sentences:**

(a) You are Hans. Describe your birthday outing to the cinema.
(b) You are Julia. Describe your day in the country.
(c) You are Frau Ehlers. Tell how you personally make a fruit flan. Don't use **man**.
(d) At the police station. A dialogue between a policeman and Hans and Julia, who are looking for their cat.
(e) You are Hans talking to Karl. Describe the family plans for a Costa Brava holiday and ask him to come with you.

8. **Put into German:**

1. Eleven people are standing at the bus-stop.
2. In the south-west lie the motorway and the town of Frankfurt.
3. Julia buys two tickets at the box-office.
4. In Germany people drink coffee at four in the afternoon.
5. It's not your cat, it's mine.
6. Hans is not exactly happy.
7. Do you like coffee? Yes, it tastes good.
8. "How do you make that sort of thing?" asks Julia.
9. In England it is always raining.
10. They are going on holiday in the middle of August.

9. **Translate:**

1. how old are you?
2. tomorrow
3. they are queueing
4. in the south
5. twice
6. a ten-mark note
7. that's why (one word)
8. jolly good!
9. really exciting
10. how boring!

11. not until eight o'clock
12. would you like...?
13. over there
14. right-ho!
15. overjoyed
16. I don't know yet
17. a pair of shoes
18. yes, certainly
19. see you tonight
20. up here
21. not as big as
22. of course
23. at 120 km. per hour
24. into the country
25. you can do what you want
26. unfortunately
27. some more bread
28. next time
29. it's not there any more
30. nice

31. something to eat
32. first of all
33. finally
34. hardly
35. luckily
36. come straight down
37. that's all the same to me
38. perhaps
39. right at the back
40. in the middle
41. what time is it?
42. my watch is slow
43. that's the same thing
44. what does this one cost?
45. not bad at all
46. somewhere in the woods
47. in any case
48. all together
49. round about
50. how should I know?

10. **Use the above phrases in 25 simple German sentences, two phrases to a sentence.**

1

2

3

4

5

6

7

ZWÖLFTE LEKTION

BILDVOKABELN

1. Das ist ein Wecker

Wenn es acht Uhr ist, läutet der Wecker. Wenn der Wecker läutet, steht man auf. Man steht auf, weil der Wecker läutet. Der Wecker läutet, weil es acht Uhr ist.

2. Das ist der Bäcker.

Kennst du ihn? Sein Name ist Siebert. Jeden Tag steht Herr Siebert sehr früh auf, weil er Brötchen backen muß. Er· liefert die Brötchen vor sieben Uhr mit seinem Lieferwagen.

3. Das sind deutsche Brötchen.

Englische Brötchen sind anders, nicht wahr? Das deutsche Frühstück besteht aus Brötchen und Kaffee.

4. Das sind zwei Erdbeeren an einer Erdbeerpflanze.

Erdbeeren wachsen auf der Erde. Sie sind rot. Himbeeren sind auch rot. Sie wachsen aber nicht auf der Erde, sondern an einem Busch.

5. Das ist eine Straßenbahn — und eine Verkehrsstockung.

Die meisten deutschen Städte haben Straßenbahnen, oder „Bahnen", wie man sie manchmal nennt. Sie sind billig, aber sehr langsam, und sie verursachen oft Verkehrsstockungen.

6. Das ist der Schaffner.

Man kauft seine Fahrkarte bei dem Schaffner. „Sonst jemand zugestiegen?" ruft er den ganzen Tag.

7. Das ist ein Gesicht.

Es hat zwei Augen mit Augenbrauen. In der Mitte ist die Nase, und unter der Nase der Mund. An beiden Seiten sind die Ohren.

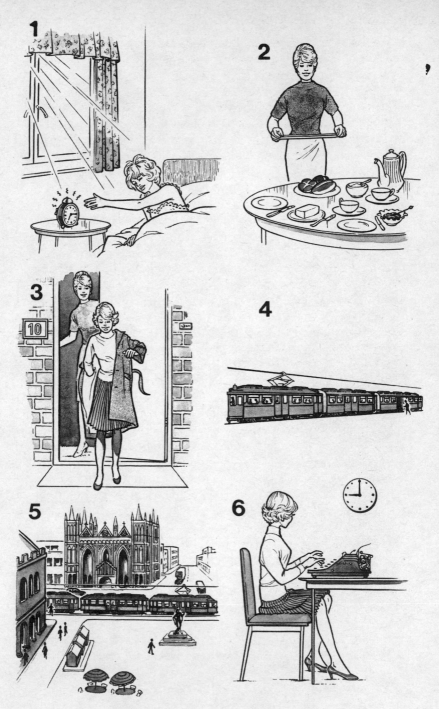

Auf dem Weg zum Büro

1. Wenn der Wecker jeden Morgen um Viertel nach sieben in Julias Schlafzimmer läutet, steht sie sehr langsam auf und geht noch langsamer in das Badezimmer.

2. Unten in der Küche macht Mutter das Frühstück — aber nicht für Vater und Hans, weil sie nicht so früh aufstehen. Was essen Mutter und Julia zum Frühstück? Nur frisch gelieferte Brötchen mit Butter und Erdbeermarmelade. Dazu trinken sie Kaffee.

3. Nach dem Frühstück zieht Julia schnell ihren Mantel an und verläßt das Haus. Wie immer fährt sie heute mit der Straßenbahn zu ihrem Büro in der Stadt. Julia ist Stenotypistin.

4. Die Straßenbahnhaltestelle ist nicht weit vom Haus, und bald kommt die Bahn. Sie ist schon ziemlich voll, aber Julia findet noch Platz im dritten Wagen. Sie fährt jeden Tag im dritten, weil der Schaffner in diesem Wagen mit ihr flirtet.

5. Wenn die Bahn um fünf Minuten vor neun am Marktplatz ankommt, steigt Julia aus, überquert die Straße, eilt am Dom vorbei und die Bismarckstraße entlang, bis sie zu dem Bürogebäude kommt, wo sie arbeitet. Es ist zwei Minuten vor neun.

6. Aber genau um neun Uhr sitzt Julia ohne Mantel an ihrem Schreibtisch vor ihrer Schreibmaschine. Sie sagt: „Ich bin immer sehr pünktlich."

GRAMMAR NOTES

1. **Man *steht* auf, weil der Wecker *läutet*.**
   Der Wecker *läutet*, weil es acht Uhr *ist*.
   The verb in the main clause stands second (**steht, läutet**), but the verb in the subordinate clause stands *at the end* (**läutet, ist**).
   Wenn es acht Uhr *ist*, *läutet* der Wecker.
   Wenn der Wecker *läutet*, *steht* man auf.
   If the subordinate clause comes first in the sentence, the main verb must, as always, be placed second. So here we get the characteristic "verb comma verb" pattern.

2. **Julia fährt <u>heute</u> <u>mit der Straßenbahn</u> <u>zu ihrem Büro</u>.**
   The order of adverbs in the sentence is:
   time — manner — place

3. **Die Bahnen sind billig, *aber* sehr langsam.**
   aber = *but* = *on the other hand*
   Himbeeren wachsen aber nicht auf der Erde, *sondern* an einem Busch.
   sondern = *but* = *on the contrary*
   Note also in the second sentence **aber** used as an adverb (= *however*).

1. **Ergänzen Sie:**
   1. Der Bäcker steht früh auf, weil....
   2. Man steht auf, wenn....
   3. Der Wecker läutet sehr laut, wenn....
   4. Der Bäcker hat einen Lieferwagen, weil....
   5. Julia eilt die Straße entlang, bis....
   6. Man findet Erdbeeren nicht an Büschen, weil....
   7. Das ist das Büro, wo....
   8. Die Deutschen fahren mit der Straßenbahn, weil....
   9. Die Bahn ist ziemlich voll, wenn....
   10. Julia fährt jeden Tag im dritten Wagen, weil....

2. **Schreiben Sie diese Sätze mit den kursivgedruckten Wörtern an erster Stelle** (*first*):
   1. Der Regenmantel ist im Schrank, *wenn er nicht in deinem Koffer ist.*
      — Wenn er nicht in deinem Koffer ist, i....
   2. Ich trinke Kaffee, *wenn du keinen Tee hast.*
   3. Julia steigt ein, *wenn die Bahn kommt.*
   4. Der Schaffner ist sehr böse, *weil Herr Ehlers keine Karte hat.*

96

5. Die Straßenbahnen fahren sehr langsam, *weil sie so schwer sind.*
   (**schwer** = *heavy*)
6. Julia muß nicht lange gehen, *bis sie zur Straßenbahnhaltestelle kommt.*
7. Herr Ehlers fährt mit dem Bus, *wie er es immer tut.* (**tun** = *to do*)
8. Hans ißt viele Brötchen, *weil er Hunger hat.*
9. Julia steigt aus, *wenn die Bahn am Marktplatz ankommt.*
10. Julia ist sehr hübsch, *wie Sie schon wissen.*

3. **Schreiben Sie diese Sätze mit dem Subjekt an erster Stelle:**
   1. Heute geht Julia sehr langsam über den Marktplatz.
      — Julia geht heute....
   2. Mit seinem Lieferwagen liefert er die Brötchen vor sieben Uhr.
   3. Immer kauft man seine Fahrkarte bei dem Schaffner.
   4. In Julias Schlafzimmer läutet der Wecker jeden Morgen um Viertel nach sieben.
   5. Sehr schnell geht sie in das Badezimmer.
   6. Mit der Straßenbahn fährt Julia heute in die Stadt.
   7. Um fünf Minuten vor neun steht die Bahn am Marktplatz.
   8. Ohne Mantel sitzt Julia um neun Uhr an ihrem Schreibtisch.
   9. Jeden Tag fährt sie im dritten Wagen.
   10. Mit seinem Vater steht Hans schon an der Bushaltestelle.

4. **Ergänzen Sie mit *aber* oder *sondern*:**
   1. Julia fährt mit der Bahn, — ich fahre mit dem Bus. *aber*
   2. Julia fährt nicht mit dem Bus, — mit der Bahn. *sondern*
   3. Der Bäcker verkauft nicht Bananen, — er verkauft Brot.
      (**verkaufen** = *sell*)
   4. Ich bin nicht alt, — mein Vater ist sehr alt.
   5. Der Wecker läutet, — ich stehe nicht auf.
   6. Erdbeeren wachsen nicht an einem Busch, — auf der Erde.
   7. Ein Kreis ist nie viereckig, — rund.
   8. Das ist nicht mein Vater, — meine Mutter.
   9. Mein Vater ist nicht zu Hause, — meine Mutter ist hier.
   10. Sie essen nicht Schwarzbrot, — Brötchen.

5. **Wiederholen Sie die Sätze mit den kursivgedruckten Wörtern im Plural:**
   1. *Die Stadt*, wo *er wohnt, hat eine Straßenbahn.*
   2. Lieber als *eine Erdbeere esse ich eine Himbeere.*
   3. *Sein Ohr ist* rot.
   4. *Der Bäcker liefert* uns *ein Brötchen.*

5. *Die Stenotypistin sitzt im Büro* an *ihrem Schreibtisch.*
6. *Die Schreibmaschine ist* schon wieder kaputt!
7. Wo *ist* denn *dein Mantel?*
8. Meine *Schwester geht* heute abend mit *ihrem Freund* ins Kino.
9. *Weißt du, wo man einen Wasserfall in dem Wald* finden kann?
10. *Mein Auto verursacht* oft *eine Verkehrsstockung.*

6. Fragen über die Bildvokabeln. Beantworten Sie:

1. Wann läutet der Wecker?
2. Was macht man, wenn der Wecker läutet?
3. Wie heißt der Bäcker?
4. Wie liefert er seine Brötchen?
5. Woraus besteht das deutsche Frühstück? (**woraus** = *of what*)
6. Wo wachsen Himbeeren?
7. Wo findet man noch Straßenbahnen?
8. Warum verursachen Straßenbahnen Verkehrsstockungen?
9. Welchen Vorteil hat eine Straßenbahn? (**der Vorteil** = *advantage*)
10. Beschreiben Sie Ihr Gesicht! (**beschreiben** = *describe*)

7. Fragen über die Bildergeschichte. Beantworten Sie:

1. Wie steht Julia auf?
2. Geht sie schnell in das Badezimmer?
3. Wer macht das Frühstück?
4. Was ißt Mutti zum Frühstück?
5. Wer verläßt das Haus nach dem Frühstück?
6. Warum fährt Julia in die Stadt?
7. Ist die Bahn leer?
8. Kann Julia noch Platz finden?
9. Was macht Julia, wenn sie aus der Bahn steigt?
10. Um wieviel Uhr kommt Julia ins Büro?

In der Bahn

Vater, Julia und Hans fahren mit der Straßenbahn.

Schaffner: Sonst jemand zugestiegen? Sonst jemand zugestiegen?
Vater: Zweieinhalb, Marktplatz, bitte.
Schaffner: Wer ist denn das Halbe? Das Mädchen?
Julia: Was, ich?
Vater: Nein, der Junge natürlich.
Schaffner: Wieso natürlich? Er ist genau so groß wie das Mädchen. Wie alt ist er?
Vater: Nun also — — zwölf.

Hans: Aber Vati! Ich bin schon seit dem neunten April dreizehn!
Vater: Ach ja — ich meine: dreizehn.
Schaffner: Mit dreizehn Jahren muß man voll bezahlen.
Vater: Also dreimal Marktplatz.
Schaffner: Das ist auch nicht möglich.
Vater: Warum denn nicht?
Schaffner: Wir fahren zum Flughafen. Sie sind in der falschen Bahn.

Vokabeln:

seit — *since*   möglich — *possible*
bezahlen — *pay*   der Flughafen — *airport*

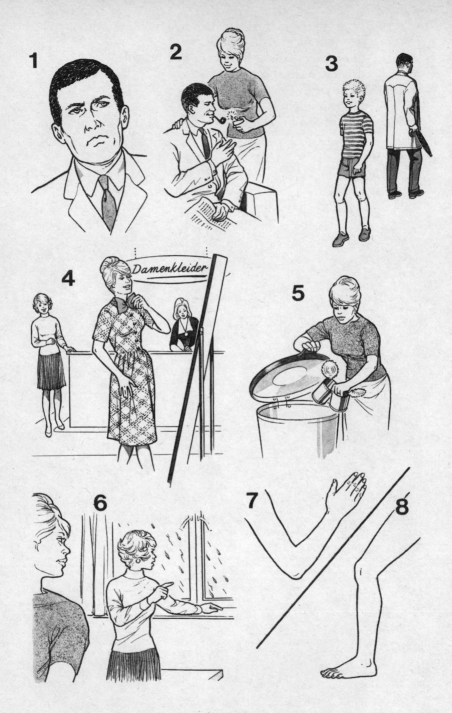

DREIZEHNTE LEKTION

BILDVOKABELN

1. Herr Ehlers ist schlechter Laune.

Seid ihr immer guter Laune? Oder seid ihr auch gelegentlich schlechter Laune?

2. Herr Ehlers raucht eine Pfeife. Er raucht sie sehr gern.

Wer ist bei ihm? Frau Ehlers ist bei ihm. Sie steht hinter ihm und gibt ihm Feuer. Frau Ehlers raucht nicht.

3. Herr Ehlers entfernt sich, Hans kommt auf uns zu.

Herr Ehlers geht weg. Er geht in die andere Richtung. Hans kommt uns entgegen.

4. Frau Ehlers kauft ein Kleid.

Wer ist bei ihr? Julia ist bei ihr. Was sagt Julia zu ihr? Sie sagt: „Das Kleid steht dir sehr gut. Du mußt es unbedingt kaufen." Neben ihnen steht eine Verkäuferin — sie sagt aber nichts.

5. Frau Ehlers wirft zwei Dosen weg.

Die Dosen sind leer. Frau Ehlers wirft sie in den Mülleimer.

6. Julia beklagt sich.

Draußen regnet es schon stundenlang. Julia steht mit ihrer Mutter am Fenster und beklagt sich über das Wetter.

7. Das ist ein Arm mit einer Hand.

Die Hand hat fünf Finger. Zählt eure Finger — wie viele Finger habt ihr?

8. Das ist ein Bein mit einem Fuß.

Der Fuß hat fünf Zehen.

Ausräumen

1. Julia und ihre Mutter befinden sich heute in Julias Schlafzimmer. Der Kleiderschrank ist auf, und Julia beklagt sich. „Siehst du, Mutti, da ist gar kein Platz mehr. Der ganze Schrank ist voll. Und im Schlafzimmer ist auch kein Platz — ich kann mir keinen neuen Schrank anschaffen. Wir müssen unbedingt ein neues Haus kaufen!"

2. „Aber Julia, das geht nicht," sagt Mutter. „Ich weiß was — du mußt den Schrank ausräumen. Das Kleid hier mit den Rosen, zum Beispiel. Du trägst es nie. Und diese Jacke — sie ist ganz alt und steht dir sowieso nicht." — „Aber doch, sie steht mir sehr gut. Und das Kleid kann ich nicht wegwerfen — es ist doch ganz neu."

3. „Ach was! Du hast es schon seit Jahren. Und das Kostüm hier. Und die Strickjacke!" — „Die Strickjacke gebe ich dir, wenn du sie haben willst. Aber das Kostüm trage ich noch gelegentlich im Büro."

4. „Das Fach hier oben ist auch voller Kram — Hüte, Strümpfe, Pullover, Blusen, Unterwäsche. Du kannst alles in den Mülleimer werfen!" — „Aber bitte, Mutti, das sind meine besten Sachen!"

5. Aber Julia will wirklich ausräumen, und sobald ihre Mutter sich entfernt, beginnt sie die Sachen zu suchen, die sie nicht mehr tragen will. Bald ist der Schrank halb leer.

6. Unten im Wohnzimmer macht es sich Vater in seinem Lehnstuhl bequem. Er raucht seine Pfeife und liest die Zeitung. Die Tür öffnet sich — es ist Julia. „Vati, bist du guter Laune?" — „Ja, sicher. Ich bin immer guter Laune. Aber ich kenne dich — was willst du?" — „Vati, hast du vielleicht etwas Geld bei dir?" — „Geld? Wieso brauchst du schon wieder Geld?" — „Ja, weißt du, Vati, ich muß mir neue Kleider kaufen. Ich habe absolut nichts mehr."

GRAMMAR NOTES

1. *me, you*, etc.

er sieht **mich**	er sieht **uns**
er sieht **dich**	er sieht **euch**
er sieht **Sie**	
er sieht **ihn**	
er sieht **sie**	er sieht **sie**
er sieht **es**	

2. *to me, to you*, etc.

er gibt es **mir**	er gibt es **uns**
er gibt es **dir**	er gibt es **euch**
er gibt es **Ihnen**	
er gibt es **ihm**	
(*to him; to it*)	er gibt es **ihnen**
er gibt es **ihr**	

3. *myself, yourself*, etc.

ich befinde **mich**	wir befinden **uns**
du befindest **dich**	ihr befindet **euch**
Sie befinden **sich**	

er
sie }befindet **sich**   sie befinden **sich**
es

4. **Das Kleid steht dir. — Ja, es steht mir gut.**
   Das Kleid steht dir nicht. — Doch! Es steht mir gut.
   doch = *yes*, in answer to a negative.

5. **ich kenne dich — kennen** = *to know* (a person); *be acquainted*
   with.

   ich weiß was   — wissen = *to know* (a fact).

1. **Beantworten Sie mit Pronominen** (*pronouns*) **anstatt**
   (*instead of*) **der kursivgedruckten Wörter:**
   1. Wer ist bei *Herrn Ehlers*?
   2. Sitzt er hinter *Frau Ehlers*?
   3. Was gibt sie *Herrn Ehlers*?
   4. Ist Herr Ehlers mit *Julia und ihrer Mutter* in Julias Schlafzimmer?
   5. Will Julia *ihrer Mutter* die Strickjacke geben?
   6. Steht die Jacke *dem Mädchen*?
   7. Raucht Herr Ehlers *seine Pfeife*?

8. Wer spricht mit *Julia*?
9. Haben Sie *Herrn Ehlers* gern?
10. Wohnt Ihre Großmutter bei *Ihnen*?

2. Satzbildung:

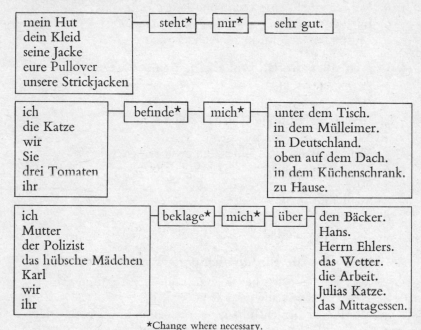

mein Hut / dein Kleid / seine Jacke / eure Pullover / unsere Strickjacken — steht* — mir* — sehr gut.

ich / die Katze / wir / Sie / drei Tomaten / ihr — befinde* — mich* — unter dem Tisch. / in dem Mülleimer. / in Deutschland. / oben auf dem Dach. / in dem Küchenschrank. / zu Hause.

ich / Mutter / der Polizist / das hübsche Mädchen / Karl / wir / ihr — beklage* — mich* — über — den Bäcker. / Hans. / Herrn Ehlers. / das Wetter. / die Arbeit. / Julias Katze. / das Mittagessen.

*Change where necessary.

3. Ergänzen Sie mit *kennen* oder *wissen*:

1. Ich.... deine Mutter.
2. Wir...., wo sie ist.
3. Du.... diese Stadt nicht.
4. Er.... nicht, was ich im Koffer habe.
5. .... Sie diesen Wasserfall?
6. Möchtet ihr diese jungen Männer....?
7. Es ist ganz leer, ... Sie.
8. Du .... vielleicht, wo der Bahnhof liegt?
9. Sie kann nicht...., wer ich bin.
10. .... ich, was du machen willst?

4. Verbessern Sie:

1. Vater und Julia befinden sich in Julias Schlafzimmer.
2. Mutter will sich ein neues Haus anschaffen.
3. Julia muß den Küchenschrank ausräumen.

4. Sobald Mutter sich entfernt, beginnt Julia einen Pfirsich zu essen.
5. Julias Strümpfe sind unter dem Bett.
6. Vater ist nie guter Laune.
7. Julia fragt: „Vati, hast du vielleicht die Katze bei dir?"
8. Mutter raucht eine Pfeife und liest die Zeitung.
9. Julia muß sich eine neue Lampe kaufen.
10. Mutter hat absolut keine Kleider mehr.

5. Fragen über die Bildvokabeln. Beantworten Sie:

1. Wie ist Herr Ehlers?
2. Wer steht hinter ihm?
3. In welche Richtung geht Herr Ehlers?
4. Wer kommt uns entgegen?
5. Warum wirft Frau Ehlers die zwei Dosen weg?
6. Warum beklagt sich Julia?
7. Wie lange regnet es schon?
8. Steht Julia allein am Fenster?
9. Wie viele Finger haben Sie?
10. Und wie viele Füße?

6. Fragen über die Bildergeschichte. Beantworten Sie:

1. Wer befindet sich bei Julia in ihrem Schlafzimmer?
2. Ist der Schrank nicht voll?
3. Warum kann sich Julia keinen neuen Schrank anschaffen?
4. Julia will doch kein neues Haus kaufen?
5. Welches Kleid trägt Julia nie?
6. Warum will sie es nicht wegwerfen?
7. Und warum will sie das Kostüm auch nicht wegwerfen?
8. Was befindet sich oben in dem Fach?
9. Wie macht Vater es sich bequem?
10. Was will Julia von ihm haben? Warum?

Die Platte

Julia: Du, Trudi, ich hab' eine neue Platte. Eine ganz tolle! Du mußt sie unbedingt hören!

Trudi: Wie heißt sie denn?

Julia: „Mein Lied hörst du nicht." Gero Lothar singt.

Trudi: Schön. Können wir sie bei euch spielen?

Julia: Bei uns leider nicht. Unser Plattenspieler ist kaputt. Bei dir vielleicht?

Trudi: Das auch nicht. Mein Bruder Fritz hat den Plattenspieler bei sich. Er ist mit dem Wohnwagen auf Urlaub.

Julia: Können wir die Platte nicht im Jugendklub anhören?
Trudi: Geht nicht. Heute abend ist eine Filmveranstaltung im Saal.
 Bei deiner Tante vielleicht?
Julia: Auch nicht. Meine Eltern sind heute abend bei ihr. Sie spielen
 Skat in dem Zimmer, wo der Plattenspieler steht.
Trudi: Bei deinem Vetter Klaus?
Julia: Bei ihm ist kein Plattenspieler.
Trudi: Wie heißt die Platte noch?
Julia: „Mein Lied hörst du nicht." Eine tolle Platte.
Trudi: Der Titel ist auch nicht schlecht!

Vokabeln:

die Platte — *record*	die Tante — *aunt*
der Jugendklub — *youth club*	die Eltern — *parents*
das Lied — *song*	Skat — German card game
die Filmveranstaltung — *film show*	der Vetter — *cousin*

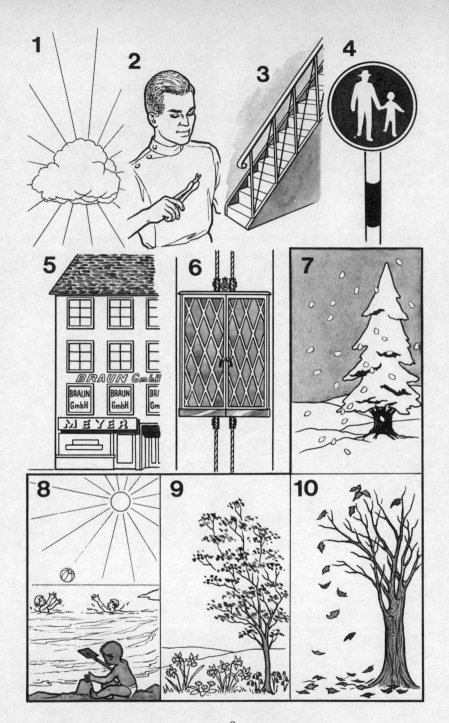

VIERZEHNTE LEKTION

BILDVOKABELN

1. Das ist eine Wolke.

Die Wolke ist am Himmel. Der Himmel ist blau, aber Wolken sind meistens weiß. Sturmwolken sind grau oder sogar schwarz.

2. Der Zahnarzt hält einen Zahn.

Gehst du gern zum Zahnarzt? Ich auch nicht!

3. Das ist die Treppe eines Hauses.

Die Treppe ist im Flur. Sie führt vom Erdgeschoß des Hauses in den ersten Stock. An der linken Seite dieser Treppe ist die Wand. Die Treppe hat ein Geländer an ihrer rechten Seite.

4. Hier sehen Sie ein Schild.

Das Schild zeigt einen Mann und ein Kind. Es ist ein Verkehrsschild — man findet es an einem Fußweg.

5. Das Haus auf diesem Bild hat vier Stockwerke.

Im Erdgeschoß ist ein Laden. Im ersten Stock ist das Büro der Firma Braun. Im zweiten und im dritten Stock sind Privatwohnungen.

6. Das ist der Fahrstuhl dieses Hauses.

Die meisten Deutschen wohnen in hohen Wohnblöcken. In den neuen Wohnblöcken befindet sich fast immer ein Fahrstuhl.

7. Es ist Winter.

Es schneit. Der Schnee liegt auf der Erde, und das Wetter ist furchtbar kalt.

8. Es ist Sommer.

Die Sonne scheint. Es ist schön warm. Die Kinder spielen am Strand und schwimmen in der See.

9. Es ist Frühling.

Narzissen und andere Frühlingsblumen blühen. Die Bäume werden wieder grün.

10. Es ist Herbst.

Die Blätter der Bäume werden gelb und fallen ab.

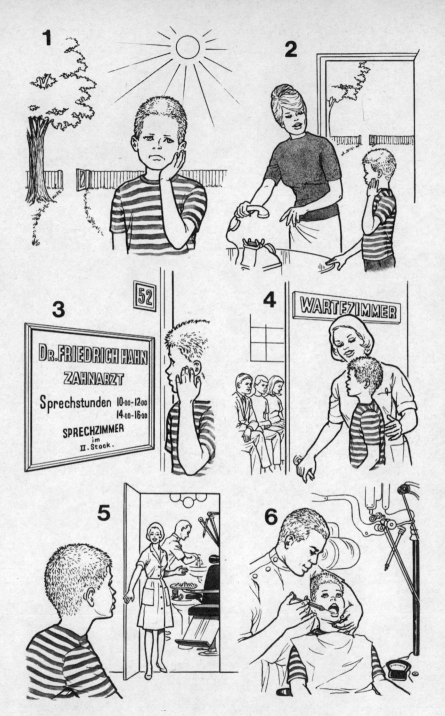

Beim Zahnarzt

1. Es ist ein wunderschöner Sommertag. Die Sonne scheint aus einem wolkenlosen Himmel. Aber trotz des guten Wetters ist Hans schlechter Laune. Warum? Wegen eines Zahnes. Weil ihm sein Zahn weh tut.

2. „Mutti,“ sagt er. „Mein Zahn tut mir schrecklich weh. Hier, auf der linken Seite.“ — „Dann mußt du unbedingt zum Zahnarzt,“ sagt Frau Ehlers. „Ich telephoniere und sage ihm Bescheid. Er wohnt Wacholderstraße 52.“

3. Hans sieht das Schild des Zahnarztes vor der Haustür. Er ist sehr ängstlich, aber der Zahn tut ihm immer noch weh. Langsam geht er die Treppe hinauf zum Sprechzimmer im zweiten Stock des Hauses.

4. Eine hübsche Assistentin führt ihn in das Wartezimmer. Dort sitzt eine Reihe deprimierter Leute. Einer nach dem anderen geht in das Sprechzimmer. Während der Wartezeit wird Hans immer nervöser.

5. „Jetzt sind Sie an der Reihe,“ sagt die Assistentin sehr höflich und führt Hans in das Sprechzimmer des Zahnarztes. „Ach, wissen Sie, es ist sehr komisch, mein Zahnweh ist plötzlich ganz weg! Vielleicht brauche ich nicht....“

6. „Setz dich mal hin!“ unterbricht ihn der Zahnarzt. „Wir wollen sehen — — aha! Hier auf der linken Seite, nicht wahr? Eine Spritze zuerst, denke ich — —“ Der arme Hans! Aber zwanzig Minuten später ist alles vorbei. Der Zahnarzt plombiert den Zahn, und danach tut er nicht mehr weh.

GRAMMAR NOTES

1. Genitives (English: *of the*)

   das Schild *des* Zahnarztes — *masculine:* **des**
   die linke Seite *der* Treppe — *feminine:* **der**
   das Erdgeschoß *des* Hauses — *neuter:* **des**
   Masculine and neuter nouns add **-s** or **-es** in the genitive singular.

   die Blätter *der* Bäume
   The genitive plural form is **der** for all genders.

2. **trotz des Wetters**
   während der Wartezeit
   wegen eines Zahnes
   A very few common prepositions are followed by the genitive.
   The three above are the most frequently met.

3. **nervös**   — *nervous*
   nervöser   — *more nervous*
   immer nervöser — *more and more nervous*

1. Ergänzen Sie:

1. Hans ist in....
2. Trotz.... ist Hans schlechter Laune.
3. Er ist schlechter Laune wegen....
4. Hans muß zu....
5. Das Schild ist vor....
6. Hans geht in....
7. Das Sprechzimmer befindet sich in....
8. Während.... wird Hans immer nervöser.
9. Die Assistentin führt Hans in....
10. Zwanzig Minuten später kommt Hans aus....

2. Ihr guter Freund Hans stellt die Fragen. Beantworten Sie:

1. Warum bin ich schlechter Laune?
2. Zu wem muß ich unbedingt gehen?
3. Wer telephoniert?
4. Was sehe ich vor der Haustür?
5. Bin ich überglücklich?
6. Wie gehe ich die Treppe hinauf?
7. Was macht die hübsche Assistentin?
8. Tut mein Zahn im Sprechzimmer immer noch weh?
9. Wie lange sitze ich im Stuhl des Zahnarztes?
10. Tut mir der Zahn danach immer noch weh?

3. Beantworten Sie:

1. Das ist ein Zahnarzt mit einem Schild. Ist das sein Schild?
   — Ja, das ist das Schild d.... Z.....

2. Das ist die Assistentin an einem Schreibtisch. Ist das ihr Schreibtisch?

3. Das ist ein Haus mit einem Dach. Ist das sein Dach?

4. Das ist ein Gebäude mit einer Treppe. Ist das seine Treppe?

5. Das sind zwei Bäume, und in der Nähe sind Blätter. Sind das ihre Blätter?

6. Das ist eine Frau mit einem Hund. Ist das ihr Hund?

7. Das sind zwei Männer und zwei Regenmäntel. Sind das ihre Regenmäntel?

8. Das sind Kinder mit einer Katze. Ist das ihre Katze?

9. Das ist ein Mädchen mit einem Hut. Ist das ihr Hut?

10. Das ist unser Nachbar in einem Garten. Ist das sein Garten?

4. Verbessern Sie:

1. Sturmwolken sind meistens grün.
2. Ich gehe gern zum Zahnarzt.
3. Die Treppe führt vom Erdgeschoß in den Keller.
4. Das Schild zeigt einen Mann und ein Kind — es ist das Schild des Zahnarztes.
5. Im Winter ist es schön warm, und Schnee liegt auf der Erde.
6. Im Frühling werden die Blätter blau, und sie fallen von den Bäumen.
7. Hans ist schlechter Laune, weil ihm sein Fuß weh tut.
8. Das Sprechzimmer befindet sich im dritten Stock des Hauses, aber das Haus hat einen Fahrstuhl.
9. Die Leute im Wartezimmer des Zahnarztes sind überglücklich.
10. Während der Wartezeit wird Hans immer trauriger.

5. Fragen über die Bildvokabeln. Beantworten Sie:

1. Sind Wolken immer weiß?
2. Was liegt an der linken Seite der Treppe?
3. Wo ist das Geländer?
4. Was bedeutet ein Schild mit einem Mann und einem Kind? (**bedeuten** = *mean*)
5. Was findet man im Erdgeschoß des Hauses mit vier Stockwerken?
6. Wo ist das Büro der Firma Braun?
7. Wann fallen die Blätter von den Bäumen?
8. Schneit es nicht im Winter?
9. Was machen die Kinder im Sommer?
10. Was sind Narzissen?

6. Fragen über die Bildergeschichte. Beantworten Sie:

1. Wie ist das Wetter?
2. Warum ist Hans nicht guter Laune?
3. Wo tut ihm sein Zahn weh?
4. Was macht Frau Ehlers?
5. Wer wohnt Wacholderstraße 52?
6. Wie geht Hans die Treppe hinauf?
7. Die Assistentin ist häßlich, nicht wahr?
8. Was sagt sie, bevor sie Hans in das Sprechzimmer des Zahnarztes führt?
9. Was findet Hans komisch?
10. Was macht der Zahnarzt?

Auf der Treppe

Im Erdgeschoß eines Wohnblocks. Der Block hat keinen Fahrstuhl.

Herr Ehlers (er klingelt): Ah, guten Morgen. Wohnt Herr Frisch hier, bitte?

Herr: Nein, Sie sind hier bei Schmidts. Aber Herr Frisch wohnt irgendwo im Haus. Ich weiß nicht genau, wo. Am besten gehen Sie eine Treppe höher.

Herr Ehlers: Danke schön!

Herr: Nichts zu danken!

Herr Ehlers (im I. Stock; er klingelt): Ah, guten Morgen, gnädige Frau. Bitte, wohnt Herr Frisch hier?

Dame: Hier bestimmt nicht, mein Herr. Wir heißen Becker. Ich weiß nicht, ob Herr Frisch im Haus wohnt — wir sind neu eingezogen. Am besten gehen Sie eine Treppe höher.

Herr Ehlers: Danke schön, gnädige Frau!

Dame: Nichts zu danken!

Herr Ehlers (im II. Stock; er klingelt): Entschuldigung, Fräulein. Wohnt Herr Frisch hier?

Mädchen: Herr Frisch? Nein, er wohnt eine Treppe höher, im dritten Stock.

Herr Ehlers: Endlich! Recht vielen Dank!

Mädchen: Bitte sehr.

Herr Ehlers (im III. Stock, sehr müde. Er klingelt): Entschuldigung, gnädige Frau. Ist Herr Frisch zu Hause?

Dame: Ja, sicher.

Herr Ehlers: Wunderbar. Kann ich ihn sprechen?

Dame: Aber gewiß. Gehen Sie nach unten. Er repariert sein Rad im Keller.

Vokabeln:

höher — *higher*	müde — *tired*
ob — *whether*	gewiß — *certainly*
neu eingezogen — *newly moved in*	nach unten — *downstairs*
gnädige Frau — *madam*	der Keller — *cellar*
bestimmt — *definitely*	

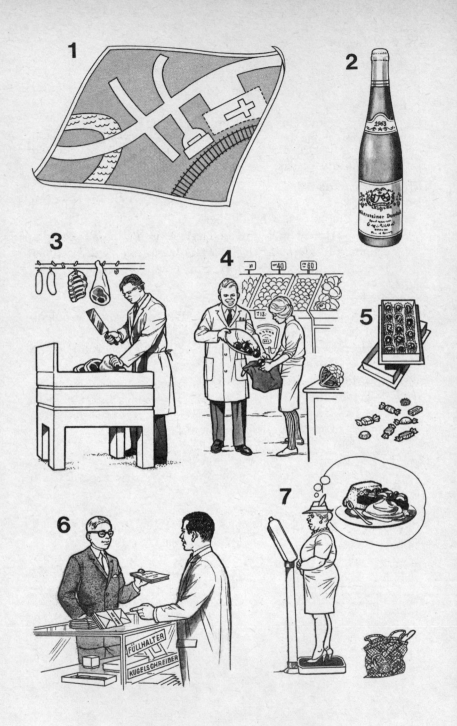

FÜNFZEHNTE LEKTION

BILDVOKABELN

1. Hier haben wir den Plan eines Dorfes. Ein Fluß fließt durch das Dorf.

Wir sehen die Hauptstraße und zwei Querstraßen, den Fluß, der auf der linken Seite des Planes liegt, den Marktplatz mit der Kirche und eine Eisenbahnlinie. Der Bahnhof ist am Ende der zweiten Querstraße.

2. Das ist eine Flasche Rheinwein — für mich, ja?

Die deutschen Weine, die sehr gut schmecken, wachsen hauptsächlich an zwei Flüssen, dem Rhein und der Mosel.

3. Das ist der Metzger.

Bei dem Metzger kauft man Fleisch — Schweinefleisch, Kalbfleisch und Rindfleisch. Hammelfleisch ißt man kaum in Deutschland.

4. Das ist der Gemüsehändler.

Der Gemüsehändler, der Gemüse verkauft, hat einen schönen Blumenkohl auf seinem Ladentisch.

5. Das sind eine Schachtel Pralinen und einige Bonbons — für Sie vielleicht?

Was essen Sie lieber, Pralinen oder Bonbons? Am liebsten esse ich eine Tafel Schokolade.

6. Der Schreibwarenhändler bedient seinen Kunden.

Womit bedient er ihn? Er bedient ihn mit einem Päckchen Umschläge und einem Schreibblock.

7. Frau Bremer wiegt sich auf der Waage.

Wie schwer ist sie? Sie wiegt hundertsechsundfünfzig Pfund. Das ist sehr viel. Aber Frau Bremer ist sehr dick. Sie ist so dick wegen des vielen Kuchens mit Schlagsahne, den sie jeden Tag um vier Uhr nachmittags ißt.

Im Supermarkt

1. In der Hauptstraße nicht weit vom Haus der Familie Ehlers liegt eine ganze Reihe von Läden. Die Metzgerei ist da, auch die Gemüsehandlung und die Konditorei, wo Frau Ehlers gelegentlich Kuchen und Schlagsahne kauft. Aber sie macht den größten Teil ihrer Einkäufe im Supermarkt, der um die Ecke ist. „Ich habe nichts gegen die kleineren Läden," sagt Frau Ehlers. „Im Supermarkt ist es aber einfacher. Man hat alles unter einem Dach."

2. Was für Einkäufe macht Frau Ehlers? Hauptsächlich Lebensmittel. Ein Graubrot und ein Päckchen Schwarzbrot, zwei Pfund Tomaten und ein Viertelpfund Zungenwurst in Scheiben. Sie kauft auch eine Flasche Wein, den man in Deutschland auch in einem Supermarkt bekommen kann.

3. Hans, der auch im Supermarkt ist, will für sich einkaufen. Was für Einkäufe macht er?

4. In seinem Korb hat er schon zwei Tafeln Schokolade und eine Schachtel Pralinen. Jetzt nimmt er zwei Tüten Bonbons dazu.

5. An der Kasse stehen die Leute Schlange. Hans steht hinter seiner Mutter. „Ach Hans, du bist auch hier! Wieso denn?" — „Ja, Mutti, vielleicht kann ich dir mit dem schweren Korb behilflich sein." — „Das ist aber nett von dir, Hans."

6. An der Kasse macht die junge Dame, die Frau Ehlers bedient, die Rechnung. „Zwölf Mark und sechzig insgesamt, bitte, Frau Ehlers." — „Zwölf Mark sechzig? Das scheint mir ein bißchen viel für die Sachen, die ich habe. Es sind nur die zwei Brote, Wurst, Tomaten und Wein." — „Und die Schokolade und die Bonbons, die Sie hier haben, und die Schachtel Pralinen, Frau Ehlers." — „Wieso, Schokolade? Ich habe keine Schok.... ach so, ja.... aber.... Hans!" Aber Hans ist plötzlich weg; und die Pralinen usw. natürlich auch. Aber nachher, wenn Hans nach Hause kommt, gibt es bestimmt Krach!

GRAMMAR NOTES

1. **Der Supermarkt ist *um die* Ecke.**
   Ich habe nichts *gegen die* kleineren Läden.
   A small number of prepositions are used with the accusative, no matter whether motion towards is involved or not. Those we have so far met are:
   durch, um, gegen, für, ohne, bis, entlang

2. **die Sachen, *die* ich habe**
   Hans, *der* im Supermarkt ist
   der Wein, *den* man im Supermarkt bekommen kann
   The relative pronouns (English: *who, whom, which*) have the same form as the definite article: **der, die, das.**
   They have the same gender and number as the noun they refer back to:
   ***der* Fluß, *der* auf der linken Seite liegt**
   ***der* Supermarkt, *der* um die Ecke ist**
   ***die* Dame, *die* Frau Ehlers bedient**
   They may be the object of their own clause, in which case they are in the accusative form:
   ***der* Wein, *den* man bekommt**
   ***der* Kuchen, *den* Frau Bremer ißt**
   The verb in the relative clause, as in other subordinate clauses, stands at the end.

1. **Ergänzen Sie:**
   1. Wir sehen den Marktplatz mit....
   2. Der Bahnhof ist an....
   3. Man kauft Fleisch bei....
   4. Frau Bremer ist so dick wegen....
   5. Der Supermarkt ist um....
   6. Man hat alles unter....
   7. Das ist ein bißchen viel für....
   8. Hans hat zwei Tafeln Schokolade in....
   9. Die junge Dame macht die Rechnung an....
   10. Frau Ehlers hat nichts gegen....

2. **Ergänzen Sie mit Relativsätzen** (*relative clauses*)**:**
   1. Mutter macht ihre Einkäufe in dem Supermarkt, der....
   2. An der Kasse macht die junge Dame, die...., die Rechnung.
   3. Mutter kauft Wein, den....
   4. Das ist viel für die Sachen, die....
   5. „Und die Bonbons, die....,“ sagt die Verkäuferin.

6. Wir sehen den Fluß, der....
7. Der Gemüsehändler, der...., hat einen schönen Blumenkohl.
8. Wo ist mein Kuchen mit Schlagsahne, den....
9. Ein junger Mann, der...., ist ein Verkäufer.
10. Das ist die Mutter von Hans, die....

3. **Geben Sie Antworten mit Relativsätzen:**
   1. In welchen Läden macht Frau Ehlers ihre Einkäufe?
      — Sie macht ihre Einkäufe in den Läden, die....
   2. In welcher Straße sind diese Läden?
   3. Welche Einkäufe sind hauptsächlich Lebensmittel?
   4. Welche Zungenwurst kauft Frau Ehlers?
   5. Welche Einkäufe sind hauptsächlich Schokolade und Bonbons?
   6. Welche Leute wollen bezahlen?
   7. Mit welchem Korb will Hans behilflich sein?
   8. Welche junge Dame sitzt an der Kasse?
   9. Welche Sachen kosten DM 12,60?
   10. In welchem Korb sind die Sachen, die Hans kauft?

4. **Verbessern Sie:**
   1. Der Supermarkt ist in der Haupstraße.
   2. Heute kauft Frau Ehlers Kuchen und Schlagsahne in der Konditorei.
   3. Frau Ehlers macht den größten Teil ihrer Einkäufe in der Gemüsehandlung.
   4. Frau Ehlers kauft lieber in den kleineren Läden.
   5. Frau Ehlers kauft ein Kilo Tomaten und zwei Flaschen Wein.
   6. Hans will für seinen Onkel Wilhelm einkaufen.
   7. An der Kasse stehen die Verkäuferinnen Schlange.
   8. Hans sieht seine Mutter und ist sehr erstaunt.
   9. Frau Ehlers muß die Sachen, die Hans in seinem Korb hat, nach Hause tragen.
   10. Wenn Hans nach Hause kommt, sagt Frau Ehlers: „Du bist ein recht netter Junge, Hans."

5. **Fragen über die Bildvokabeln. Beantworten Sie:**
   1. Wo fließt der Fluß?
   2. Was ist am Ende der zweiten Querstraße?
   3. Wo wachsen die deutschen Weine?
   4. Was ist die Mosel?
   5. Welches Fleisch ißt man kaum in Deutschland?
   6. Wo kauft man Fleisch und Gemüse?
   7. Ißt du lieber Pralinen oder Bonbons?

8. Was kann man bei dem Schreibwarenhändler kaufen?
9. Warum ist Frau Bremer so dick?
10. Wieviel wiegen Sie?

6. **Fragen über die Bildergeschichte. Beantworten Sie:**
   1. Wo liegen die Läden?
   2. Wo kauft Frau Ehlers Kuchen und Schlagsahne?
   3. In welchem Laden kann man alles kaufen?
   4. Was kauft Frau Ehlers heute?
   5. Warum ist Hans im Supermarkt?
   6. Was für Einkäufe macht er?
   7. Wo sieht Frau Ehlers Hans?
   8. Was will er für seine Mutter machen?
   9. Was kosten die Sachen, die Frau Ehlers in ihrem Korb hat?
   10. Warum kosten sie so viel?

Das Geburtstagsgeschenk

Julia und Hans stehen vor dem Schaufenster eines Uhrmachers.

Julia: Sag mal, Hans, was kaufst du mir zu meinem Geburtstag?

Hans: Tja, ich weiß noch nicht. Wie wäre es mit einem jungen Hund?

Julia: Einem Hund? Was mach' ich denn mit einem Hund?

Hans: Einen Hund möchte ich sehr gern haben. Wie wäre es mit einem großen Schäferhund?

Julia: Ein für allemal, Hans: ich möchte keinen Hund.

Hans: Was möchtest du denn?

Julia: Na also, siehst du die Armbanduhr dort im Schaufenster, die, die unter der Kuckucksuhr liegt?

Hans: Meinst du die Kuckucksuhr, die hinten hängt?

Julia: Aber nein, die kleine, hier vorne, die zwölf Mark fünfzig kostet.

Hans: Ach ja. Und welche Armbanduhr?

Julia: Diese dort, die das schöne goldene Armband hat.

Hans: Aber — meinst du die Uhr dort zu hundertneunzig Mark?

Julia: Ja, die!

Hans: Weißt du was, Julia — ich kaufe dir die Kuckucksuhr!

Vokabeln

der Uhrmacher — *watchmaker*	der Schäferhund — *sheepdog*
wie wäre es mit? — *how about?*	die Armbanduhr — *wrist watch*
ein für allemal — *once and for all*	hinten — *at the back*
besitzen — *own*	vorne — *at the front*

Grammar Survey

1. WORD ORDER

Six conjunctions are followed by normal order (verb second):

und, aber, oder, denn, sondern, allein (*only*)

These are called co-ordinating conjunctions. All other conjunctions, and the relative pronouns, introduce subordinate clauses, in which the verb is placed at the end.

Ich weiß, wenn es acht Uhr ist, denn der Wecker läutet sehr laut.

$$(\underline{\quad\quad A \quad\quad})(\underline{\quad\quad B \quad\quad})$$

Clause A is a *subordinate clause*, with its verb *last*.

Clause B is a *co-ordinate clause* introduced by the conjunction **denn**, with its subject first and its verb *second*.

2. RELATIVE PRONOUNS

	singular			plural	English
	masculine	*feminine*	*neuter*	*all genders*	
nominative	**der**	**die**	**das**	**die**	*who, which*
accusative	**den**	**die**	**das**	**die**	*whom, which*

Relative pronouns agree in gender and number with the noun or pronoun they refer back to (their antecedent). Their case is determined by their function in the relative clause:

das Buch, *das* auf dem Tisch liegt, ist rot

das is singular and neuter to agree with **Buch,** and nominative because it is the subject of **liegt.**

ich komme mit dem Mann, *den* du kennst

den is singular and masculine to agree with **Mann,** and accusative because it is the object of **kennst.**

3. PUNCTUATION

German punctuation is much stricter than English.

Commas   A comma should be placed before each subordinate or co-ordinate clause (unless it begins the sentence), and after it (unless it ends the sentence). Note that the conjunction is part of the clause:

Ich komme, *wenn* du rufst.

Commas should NOT be placed

(a) before **und** in lists

(b) before **und** joining two clauses in which the subject of the second is understood from the first:

Er singt *und tanzt*.

(c) around phrases — except appositional phrases, e.g.: **An zwei deutschen Flüssen, *dem Rhein und der Mosel*, wächst der Wein.**

Colons   In German the colon marks an explanation or amplification of what has gone before. It often corresponds to the dash in English. The clause following the colon frequently has a capital letter. The colon is also used before direct speech.

Dashes   (German: **Gedankenstriche,** "thought marks"). In German the dash indicates a pause, often for thought. It may also be used to suspend the sense instead of a series of dots. The dash separates two passages of direct speech within the same paragraph.

4. THE GENITIVE

This is more common in written than in spoken German, where **von** + dative often replaces it.

singular			plural	English
masculine	*feminine*	*neuter*	*all genders*	
des Hutes	**der** Frau	**des** Buches	**der** Leute	*of the hat*, etc.
eines Hutes	**einer** Frau	**eines** Buches	**keiner** Leute	*of a hat*, etc.

Note that in the genitive singular, masculine and neuter *nouns* add **-s,** or (mainly with monosyllables) **-es.**

Masculine weak nouns, however, add **-n** or **-en,** not **-s,** in the genitive:

	singular	*plural*
nominative	der Junge	die Jungen
accusative	den Jungen	die Jungen
genitive	des Jungen	der Jungen
dative	dem Jungen	den Jungen

124

5. REFLEXIVE VERBS

German reflexive verbs sometimes correspond to English ones:

sich fragen — *to ask oneself*

sometimes not:

sich befinden — *to be situated*

The reflexive form of the pronoun is identical with the normal accusative except for

$$\textbf{sich} = \begin{cases} \textit{himself; herself; itself; oneself} \\ \textit{yourself (polite form)} \\ \textit{themselves} \end{cases}$$

Note: **sich** = *yourself (polite form)* does not have a capital letter.

6. ADVERBS

The normal order of adverbs is

time — manner — place.

If there are two adverbs of the same kind the more general one comes first:

Frau Bremer ißt sie <u>jeden Tag</u> <u>um vier Uhr</u>.

7. THE COMPARATIVE

German adds **-er** to almost all adjectives and adverbs to form the comparative:

blau — *blue*	**blauer** — *bluer*
interessant — *interesting*	**interessanter** — *more interesting*

but a large number of monosyllables modify as well.

naß — *wet*   **nässer** — *wetter*

than in comparisons is **als**:

Er ist größer als ich.

8. PREPOSITIONS and their cases.

A. Eight prepositions always take the accusative:

Für

Um

Their initial letters form the 'word' *Fudgebow*, which may be an aid in remembering them.	**Durch**
	Gegen
	Entlang (follows its noun)
	Bis
	Ohne
	Wider (*against* = *not in favour of*)

B. Four common prepositions (and a number of quite un-
common ones) take the genitive:
**anstatt
während
trotz
wegen**

C. All other prepositions take the accusative if they imply
motion TOWARDS and the dative if they do not; except that

D. **zu** and **nach** always take the dative.

9. NOUN GENDERS
Masculine are names of days, months, seasons;
nouns ending **-er,** indicating the person doing
something:
der Bäcker; der Verkäufer.

Feminine are names of rivers (but not **der Rhein, der Main**);
nouns ending in **-heit, -keit, -schaft, -ung** and
-erei.

Neuter are nouns with the diminutive endings **-lein** and **-chen**;
names of countries and towns (but not **die
Schweiz, die Tschechoslowakei**).

10. STRONG VERBS
Here are the irregular parts of the present tense of the new strong
verbs we have met:

geben — *to give:* **du gibst, er gibt**
laufen — *to run:* **du läufst, er läuft**
müssen — *must:* **ich muß, du mußt, er muß**
schießen — *to shoot:* **du schießt**
tragen — *to wear;*
to carry: **du trägst, er trägt**
werfen — *to throw:* **du wirfst, er wirft**

Exercises

1. **Give the gender and plural of:**
Arm; Armband; Augenbraue; Beispiel; Blumenkohl; Bluse;
Brötchen; Busch; Deutscher; Dom; Dose; Ecke; Einkauf;
Erdbeere; Erde; Erdgeschoß; Fahrstuhl; Fach; Feuer; Finger;
Firma; Flughafen; Flur; Frühstück; Füllhalter; Fuß; Fußweg;
Geländer; Gemüse; Gemüsehändler.

2. **Give the gender and plural of:**
Gemüsehandlung; Himmel; Hut; Jacke; Keller; Kind; Kirche;
Kleid; Konditorei; Korb; Kostüm; Kuchen; Kunde; Laune;

Lied; Mädchen; Mülleimer; Mund; Narzisse; Nase; Ohr; Päckchen; Pfeife; Pflanze; Plan; Platte; Platz; Praline; Rechnung; Richtung.

3. **Give the gender and plural of:**
Rose; Sache; Schachtel; Scheibe; Schild; Schreibblock; Schreibmaschine; Seite; Spritze; Stenotypistin; Stockwerk; Strand; Strumpf; Supermarkt; Tafel; Tante; Teil; Titel; Treppe; Tüte; Umschlag; Vetter; Wagen; Wand; Wein; Wohnung; Wolke; Zahn; Zahnarzt; Zeh.

4. **Complete:**
   1. Meine Tante, die...., wohnt in Düsseldorf.
   2. Wenn...., essen wir Obsttorte mit Schlagsahne.
   3. Ich heiße Gero Lothar, und....
   4. Wir nehmen dieses Flugzeug, denn....
   5. Der Schäferhund geht um die Ecke, weil...
   6. Sie haben den Umschlag, den....
   7. Die Blätter, die...., sind gelb.
   8. Die Konditorei, wo...., hat viele Kunden.
   9. Bevor...., muß meine Großmutter eine Strafe zahlen.
   10. Wir haben noch zwei oder drei Stunden Zeit, bis....

5. **Give the appropriate forms of the following verbs:**
ich (gehen); wir (müssen); ihr (lassen); du (laufen); Sie (werfen); ich (schießen); sie (*she*) (müssen); du (gehen); sie (*they*) (können); ihr (sein); es (laufen); ich (müssen); du (schießen); er (tragen); sie (*she*) (werfen); er (geben); du (müssen); du (tragen); ihr (laufen); du (werfen).

6. **Complete:**
   1. D– Kind, d– am Strand spielt, ist m– Tochter.
   2. Dies– Baum, d– kei– Blätt– mehr hat, steht i– Schwarzwald.
   3. D– Film, d– du sehen willst, läuft i– Aki-Kino.
   4. D– Freundin d– Stenotypistin, d– für dei– Onkel arbeitet, wohnt in d– Nähe von d– Zahnarzt.
   5. Das ist mei– VW, d– du kaputt machst!
   6. Trotz d– Wetter– geht eu– Sohn durch d– Tür, d– Straße entlang, um d– Ecke und in d– Konditorei, wo er für sei– Eltern ei– Stück Obsttorte kauft.
   7. Während d– Tag– muß dies– Fahrstuhl, d– kei– Dach hat, hundertmal zu– Erdgeschoß fahren.
   8. Sei– Schwester ist ält– als ich, aber ih– Bruder ist nicht so alt wie mei– Schwester.

9. D– Junge mit d– großen Nase, d– nach d– Stadt Frankfurt-am-Main fährt, wartet vor d– Bahnhof.
10. Hans kommt mit d– Mann, d– du kennst.

7. **Write eight or nine sentences in German:**
   (a) You are Julia. Recount how you get to the office in the morning.
   (b) Dialogue in a record shop between Hans, buying a long-playing record (**die Langspielplatte**), and the assistant.
   (c) You and your sister are to get your own lunch. Describe how you go to the supermarket and buy the things you need. (Use the **wir** form.)
   (d) You are Hans. Describe your visit to the dentist.

8. **Put into German:**
   1. When the alarm rings at eight o'clock you get up.
   2. German breakfast consists of rolls and coffee.
   3. The bus-stop is not far from the house.
   4. He is just as big as his sister.
   5. Hans comes towards us.
   6. You have had it for years.
   7. Father makes himself comfortable in his armchair.
   8. You really must hear this record.
   9. Herr Schmidt lives two flights higher, on the fourth floor.
   10. Hans takes two bags of sweets as well.

9. **Translate:**
   1. most German towns
   2. anyone else
   3. every morning
   4. even more slowly
   5. downstairs
   6. as always
   7. fairly full
   8. past the cathedral
   9. along the road
   10. two and a half
   11. why not, then?
   12. in a bad mood
   13. he gives her a light
   14. you really must buy it
   15. for hours
   16. she complains
   17. that won't do
   18. for example
   19. oh yes it does (one word)
   20. it suits you
   21. as soon as
   22. the door opens
   23. absolutely nothing
   24. tonight
   25. mostly
   26. even
   27. me neither!
   28. terribly cold
   29. my hand hurts
   30. I'll let him know

31. up the stairs
32. one after another
33. more and more nervous
34. you're next
35. let's see!
36. poor Hans!
37. afterwards
38. somewhere
39. the best thing to do is
    (two words)
40. scarcely

41. I like chocolate best of all
42. mainly
43. can I be of help to you?
44. that's very nice of you
45. rather a lot
46. there's trouble!
47. tell me
48. how about a puppy?
49. once and for all
50. at the front

10. **Use the above phrases in twenty-five simple German sentences, two phrases to a sentence.**

Kreuzworträtsel Nr. 2

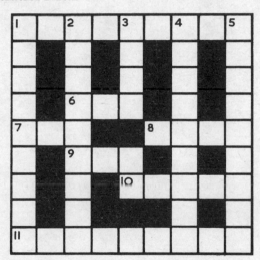

Waagerecht

1. Die — Leute sind nicht glücklich. (9)
6. — machen Sie das? Ich mache es so. (3)
7. Der Briefträger kommt zweimal — Tag. (3)
8. Deutsches Kartenspiel. (4)
9. Man kann damit fahren. (3)
10. Sehr gut! (5)
11. Nicht so schwierig. (9)

Senkrecht

1. Man braucht zwei —, wenn man telephoniert. (9)
2. Wenn ich frage, — Sie. (9)
3. Blume. (4)
4. Was die Leute in 1 nicht sind. (9)
5. Das ist einfach, — —? (5, 4)

BILDVOKABELN

1. Das Sparschwein steht auf einem Nachttisch.

Der Nachttisch, auf dem es steht, ist neben einem Bett. Hans, dessen Schwein es ist, spart sein Geld, um eine Gitarre zu kaufen.

2. Das ist ein Tisch in einem Wirtshaus.

Der Kellner bedient Herrn Ehlers und Herrn Siebert. Er gibt ihnen zwei Glas Bier. Im Hintergrund ist die Theke mit den Getränken.

3. Es spielt die Tanzkapelle von Manfred Frisch, dessen Bruder ein Freund von Hans ist.

Manfred spielt Gitarre, und sein Vetter Max, der links von ihm sitzt, ist der Schlagzeuger. Peter Petersen mit der Bürstenfrisur spielt Ziehharmonika, und an der Baßgeige ist der dünne Dieter, den man „das Streichholz" nennt.

4. Das Mädchen, dem Hans Salz und Pfeffer reicht, ist Julia.

Wem reicht er sie? Er reicht sie Julia. Was reicht er Julia? Er reicht ihr Salz und Pfeffer. Wer reicht Julia Salz und Pfeffer? Hans reicht sie ihr.

5. Das ist ein Rollschuh. Hans versucht Rollschuh zu laufen.

Hans läuft gern Rollschuh. Er macht es aber nicht sehr gut, und dieser Rollschuh, von dem er jetzt fällt, ist kaputt, denke ich.

6. Auf diesem Bild seht ihr ein Fußballspiel.

Der Mann, der schießt, ist der Rechtsaußen. Er schießt ein Tor. Die Menge jubelt vor Freude.

Hans spielt Gitarre

1. Hans will seit langem eine Gitarre besitzen. Eines Tages hat er Geld genug in seinem Sparschwein, um sie zu kaufen. Gebraucht, natürlich. „Aber immerhin," sagt Hans, „sie hat einen tollen Klang." Die Familie ist nicht gerade begeistert von dem Instrument, mit dem Hans jetzt Musik machen will. „Aber du weißt nicht, wie man Gitarre spielt," sagt Julia. „Ich werde es lernen," erwidert Hans, „warte nur!"

2. Hans sitzt auf seinem Bett, vor dem ein Stuhl mit dem Gitarrenlehrbuch steht. „Es ist furchtbar einfach, Gitarre spielen zu lernen," sagt sein Freund Klaus, dessen Bruder schon hervorragend Gitarre spielt. „Du brauchst nur zwei oder drei Wochen, um es richtig zu beherrschen." Hans ist heute nicht mehr dieser Meinung — er übt jetzt schon seit sechs Wochen.

3. Die Familie, deren Haus nicht mehr wohnlich ist, ist auch nicht der Meinung. Vater sitzt im Wirtshaus mit seinem Freund Kurt Siebert. „Unmöglich, diese Klimperei," sagt er. „Es klingt wie zehntausend melancholische Katzen."

4. Mutter und Julia sitzen draußen im Garten, obwohl das Wetter ziemlich kalt und windig ist. „Ich kann es nicht mehr ertragen," sagt Julia. „Es klingt wie beim Zahnarzt."   „Komm Julia, gehen wir ins Haus! Wir müssen etwas tun — mir ist so kalt hier draußen im Garten." — „Du mußt sie ihm unbedingt wegnehmen, Mutti."

5. Sie gehen ins Haus. Von oben hört man ein Lied: „Ich gebe dir mein Alles..." — „Alles ist schon viel zu viel," sagt Julia. Mutter geht zur Treppe. „Hans, hörst du mich? Komm sofort herunter! Und bring das sogenannte Musikinstrument mit!"

6. Die Tür des Schlafzimmers öffnet sich. „Bitte," kommt die Stimme von Hans. „Seid ein bißchen ruhiger da unten! Wenn ihr so viel Lärm macht, ist es unmöglich, sich hier oben auf die Musik zu konzentrieren!"

1. **das Bett, *vor dem* ein Stuhl steht**
   das Instrument, *mit dem* Hans Musik machen will

   vor and **mit** take the dative, and so they are also followed by the dative form of the relative. This, in the singular, is the same as the definite article:

   masculine and neuter: **dem**   *feminine:* **der**

   The plural form is **denen** for all genders.

   Used without a preposition in front of it, the dative relative means *to whom; to which*:

   die Dame, *der* du das Geschenk gibst

2. **Klaus, *dessen* Bruder Gitarre spielt**
   Hans, *dessen* Schwein es ist
   Die Familie, *deren* Haus nicht mehr wohnlich ist

   dessen (*whose; of which*) is used to refer back to masculine and neuter singular nouns. The form **deren** refers back to a feminine singular noun, or to a plural noun of any gender.

3. **du mußt <u>sie</u> <u>ihm</u> wegnehmen**
   er reicht <u>Julia</u> <u>Salz und Pfeffer</u>
   ich gebe <u>dir</u> <u>mein Alles</u>
   er reicht <u>sie</u> <u>Julia</u>

   Order of objects: *accusative* before *dative* unless the accusative is a noun.

4. ***Komm* Julia, *gehen wir* ins Haus!**

   The command forms of the verb are:

         Sie form: **gehen Sie!**
         wir form: **gehen wir!**
         ihr form: **geht!** (note: no **ihr**)
         du form: **gehe!** or **geh!**

5. **Hans versucht Rollschuh zu laufen.**

   Most verbs are followed by an infinitive with **zu**. But note:

   $$\text{ich} \begin{cases} \textbf{kann} \\ \textbf{muß} \\ \textbf{will} \end{cases} \text{gehen}$$

   um....zu means *in order to*:

   Du brauchst nur zwei Wochen, *um* es *zu* lernen.

   Note the position of the comma.

1. **Ergänzen Sie mit Relativsätzen:**
    1. Der Nachttisch, auf dem...., ist neben dem Bett.
    2. Hans, dessen...., spart sein Geld.
    3. Das ist Manfred, dessen....
    4. Max, der...., ist der Schlagzeuger.
    5. Hinter ihnen steht der dünne Dieter, den....
    6. Hans sitzt auf seinem Bett, vor dem....
    7. Ich kenne seinen Freund Klaus, dessen....
    8. Der Mann, der...., ist der Rechtsaußen.
    9. Herr Ehlers, dessen.... sitzt im Wirtshaus.
    10. Im Garten sitzen Mutter und Julia, deren....

2. **Beantworten Sie mit Pronominen anstatt der unter-strichenen Wörter:**
    1. Wer bedient Herrn Ehlers und Herrn Siebert?
    2. Ist Manfreds Bruder ein Freund von Hans?
    3. Wer reicht Julia Salz und Pfeffer?
    4. Wer versucht Rollschuh zu laufen?
    5. Kann Julia das Gitarrespielen noch ertragen?
    6. Wo ist der Mutter kalt?
    7. Was muß Mutter dem Jungen wegnehmen?
    8. Wer macht zu viel Lärm für Hans?
    9. Wer muß Hans die Gitarre wegnehmen?
    10. Gibt der Kellner den zwei Herren zwei Glas Bier?

3. **Ihre guten Freunde Hans und Julia und ihr Vater, den Sie mit „Sie" anreden** (*address*), **machen nicht, was sie machen sollten** (*ought*). **Sagen Sie es ihnen:**
    1. Hans macht viel Lärm.
        — M... nicht so viel Lärm!
    2. Herr Ehlers geht nicht nach Hause.
    3. Julia macht die Tür zu.
    4. Hans und Julia gehen in den Garten.
    5. Julia singt kein Lied.
    6. Hans ist oben.
    7. Du lernst nicht Gitarre spielen, Julia. Hans lernt es auch nicht.
    8. Hans läuft nicht in die Küche.
    9. Herr Ehlers bestellt kein zweites Glas Bier. (**bestellen** = *order*)
    10. Hans übt kein bißchen.

4. **Fragen über die Bildvokabeln. Beantworten Sie:**
    1. Warum spart Hans sein Geld?
    2. Was macht der Kellner?

3. Wo sind die Getränke?
4. Wo sitzt der Schlagzeuger?
5. Was für Haar hat Peter Petersen?
6. Warum nennt man Dieter „das Streichholz"?
7. Was reicht Hans Julia?
8. Warum versucht Hans Rollschuh zu laufen?
9. Warum jubelt die Menge?
10. Was ist eine Menge?

5. Satzbildung:

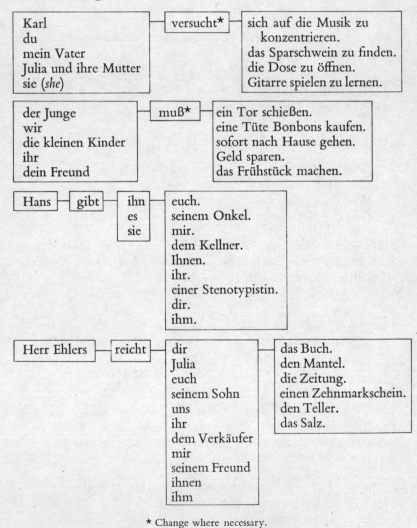

| Karl du mein Vater Julia und ihre Mutter sie (*she*) | versucht* | sich auf die Musik zu konzentrieren. das Sparschwein zu finden. die Dose zu öffnen. Gitarre spielen zu lernen. |

| der Junge wir die kleinen Kinder ihr dein Freund | muß* | ein Tor schießen. eine Tüte Bonbons kaufen. sofort nach Hause gehen. Geld sparen. das Frühstück machen. |

| Hans | gibt | ihn es sie | euch. seinem Onkel. mir. dem Kellner. Ihnen. ihr. einer Stenotypistin. dir. ihm. |

| Herr Ehlers | reicht | dir Julia euch seinem Sohn uns ihr dem Verkäufer mir seinem Freund ihnen ihm | das Buch. den Mantel. die Zeitung. einen Zehnmarkschein. den Teller. das Salz. |

* Change where necessary.

6. Fragen über die Bildergeschichte. Beantworten Sie:

1. Ist die Gitarre von Hans neu?
2. Hört die Familie dieses Instrument gern?
3. Kann Hans schon Gitarre spielen?
4. Wie lange braucht man seiner Meinung nach, um das Gitarrespielen richtig zu beherrschen? (**seiner Meinung nach** = *in his opinion*)
5. Wie lange übt er jetzt schon?
6. Welcher Meinung ist Herr Ehlers?
7. Sitzen Mutti und Julia im Garten, weil das Wetter so schön ist?
8. Wie heißt das Lied, das Hans zu spielen versucht?
9. Was sagt Mutti zu Hans?
10. Warum beklagt sich Hans?

Beim Fußballspiel

Menge: Tor! Tor! Au!

Herr Ehlers: Und so was nennt man Fußball.

Mann: Ja, gut ist es nicht.

Herr Ehlers: Schrecklich ist es! Schon drei zu null gegen uns. Es ist doch ganz unmöglich, daß unsere Mannschaft noch vier Tore schießt. Wir verlieren noch einmal.

Mann: Wie spät ist es eigentlich?

Herr Ehlers: Schon Viertel vor. — Tor! Tor! — Der Rechtsaußen ist so langsam! Ein einäugiger Blinder auf Rollschuhen könnte es besser machen! Wahrscheinlich trinkt er zu viel.

Mann: Ach, das glaube ich nicht.

Herr Ehlers (er wird erregter): Doch. Er trinkt bestimmt zu viel Bier. Wenn man sehr viel Bier trinkt, da kann man nicht mehr laufen. — *(ruft)* Gib den Ball ab!

Mann: So was sollte man nicht sagen, wenn man es nicht genau weiß.

Herr Ehlers: Ich weiß es aber. Der Kerl kann kaum mehr gehen, so dick ist er. Das kommt von dem Bier.

Mann: Ich sage aber: Der Rechtsaußen trinkt gar keinen Alkohol.

Herr Ehlers: Woher wissen Sie denn das so bestimmt?

Mann: Ich bin sein Bruder.

Vokabeln:

die Mannschaft — *team*	er könnte — *he could*
verlieren — *lose*	wahrscheinlich — *probably*
noch einmal — *once again*	erregt — *excited*
eigentlich — *in fact*	gib den Ball ab! — *pass!*
einäugig — *one-eyed*	der Kerl — *chap*
ein Blinder — *blind man*	sollte — *should; ought*

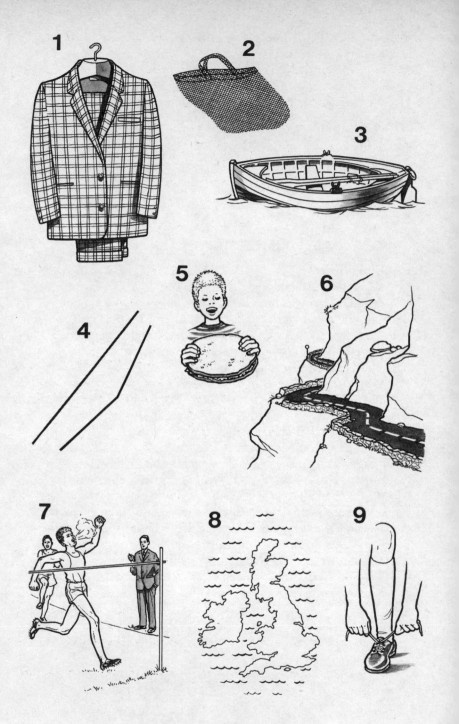

BILDVOKABELN

1. Hier sehen Sie einen Anzug.

Wem gehört er? Er gehört Hans. Der karierte Anzug hängt auf einem Kleiderbügel.

2. Das ist ein Netz — ein Einkaufsnetz.

Der Fischer braucht ein Netz zum Fischen. Mutter hat auch eins zum Einkaufen.

3. Das Boot auf diesem Bild ist ein Ruderboot.

In dem Ruderboot sind zwei Ruder. Man braucht sie zum Rudern. Magst du rudern?

4. Das sind zwei Linien.

Die linke Linie ist gerade, die rechte Linie ist krumm.

5. Das ist ein Butterbrot. Mögen Sie Butterbrote?

Man macht ein Butterbrot aus zwei Scheiben Brot mit etwas (z.B. Wurst) dazwischen. Wer wird dieses große Butterbrot essen?

6. Das ist eine sehr gefährliche Straße.

Auf dieser Straße kann man nicht sicher fahren.

7. Der Sprinter wird gewinnen, aber er ist atemlos.

Wird er wirklich gewinnen, meinen Sie? — Wenn Herr Ehlers zum Bus läuft, ist er auch manchmal atemlos.

8. Das sind zwei Inseln im Atlantischen Ozean.

Die zwei Inseln sind Großbritannien und Irland. Nordirland ist ein Teil von dem Vereinigten Königreich, aber Südirland ist ein Land für sich, eine selbständige Republik.

9. Hans bindet seinen Schnürsenkel.

Seine Schnürsenkel gehen oft kaputt, denn er bindet sie zu fest.

Auf dem Fluß

1. Es ist acht Uhr morgens. Herr Ehlers steht in seinem karierten Schlafanzug und seinen Pantoffeln am Fenster. „Aber Marianne, das Wetter wird heute wunderbar sein. Sieh nur, wie die Sonne scheint! Ich habe eine Idee — wie wäre es mit einem Tag auf dem Fluß" — „Wenn du willst," sagt Frau Ehlers noch halb im Schlaf.

2. Die Familie steht am Ufer des Flusses. Vater hat die neue Angelrute mit, und Mutter hat ein Netz mit Thermosflaschen und Butterbroten. „Wir werden das gelbe Ruderboot mieten," sagt Vater. „Ein Ruderboot?" fragt Hans. „Wollen wir nicht lieber ein Motorboot mieten — sie fahren viel schneller." — „Außerdem ist ein Motorboot viel sicherer," sagt Mutter. „Kannst du denn überhaupt rudern, Vati?" fragt Julia. „Ich? Ja, natürlich, ich meine, das kann jeder. Das ist ganz einfach. Außerdem ist es billiger, ein Ruderboot zu mieten."

3. Jetzt ist die Familie auf dem Fluß. Vater rudert, oder besser, er versucht zu rudern. „Was ruft dieser Kerl am Ufer?" fragt Vater atemlos. „Ich höre es nicht genau," antwortet Mutter. „Es hat etwas mit einer geraden Linie zu tun." — „Warum fahren wir immer im Kreis, Vati?" fragt Julia sehr unschuldig. „Vati," sagt Hans, „darf ich jetzt rudern?"

4. Jetzt rudert Hans. Er rudert schnell und in gerader Linie. Bald werden sie zu der Insel kommen, wo die Familie ihre Butterbrote essen soll.

5. „Ich mag sowieso nicht rudern," sagt Vater, indem er seine Angelrute zusammensteckt. „Das Angeln ist viel interessanter — und auch viel schwieriger." — „Ach ja," sagt Hans, und er bindet das Boot fest. „Das Rudern, das kann jeder — nicht wahr, Vati?"

GRAMMAR NOTES

1. **Der Sprinter *wird gewinnen***
   Wir *werden* den Tag auf dem Fluß *verbringen*.
   The future tense is formed by using the present of **werden** (*to become*) plus an infinitive without **zu**.
   Note the irregular parts of **werden: du wirst**
   $\qquad\qquad\qquad\qquad\qquad\qquad$ **er wird**

2. **der** karierte Anzug
   die neue Angelrute
   das gelbe Ruderboot
   After masculine singular **der**
   $\qquad$ feminine singular **die**
   $\qquad\quad$ and neuter **das** adjectives take the ending **-e**.

3. **das Fischen** — *fishing*
   das Rudern — *rowing*
   das Einkaufen — *shopping*
   This sort of noun is made from an infinitive by giving it a capital letter and neuter gender.

4. Three difficult verbs: **mögen; dürfen; sollen**
   $\qquad\qquad$ **Ich mag nicht rudern.**
   $\qquad\qquad$ **Darf ich jetzt rudern?**
   $\qquad\qquad$ **Sie soll ihre Butterbrote hier essen.**
   Note their irregular parts: **ich, er *mag*; du *magst***
   $\qquad\qquad\qquad\qquad\qquad$ **ich, er *darf*; du *darfst***
   $\qquad\qquad\qquad\qquad\qquad$ **ich, er *soll***
   mögen = *to like to* (often *to want*, a weaker form of **wollen**)
   dürfen = *may* (in the sense of "be allowed to")
   sollen = *is to* (**sie sollen dort essen** — *they are to eat there*)
   These verbs have other meanings that we shall meet later. Like **müssen** they are followed by an infinitive without **zu**.

---

1. **Sie sind Hans. Es ist früh am Morgen. Beantworten Sie diese Fragen über den kommenden Tag:**
   1. Wie wird das Wetter heute sein?
   2. Wo werdet ihr den Tag verbringen? (**verbringen** — *spend time*)
   3. Was wird dein Vater mitnehmen?
   4. Wer wird das Essen tragen?
   5. Wirst du ein Motorboot mieten wollen?
   6. Werdet ihr ein Motorboot mieten?
   7. Wer wird zuerst rudern?

8. Wird er gut rudern können?
9. Wie wirst du rudern?
10. Wo wird die Familie ihre Butterbrote essen?

2. Beantworten Sie mit Adjektiven:

1. Welcher Anzug hängt auf dem Kleiderbügel?
   — D.... k.... Anzug hängt....
2. Welche Linie ist gerade?
3. Welche Linie liegt rechts?
4. Welche Linie ist krumm?
5. Welche Straße ist es, auf der man nicht sicher fahren kann?
6. Welcher Sprinter gewinnt?
7. Welcher Ozean liegt zwischen Europa und Amerika?
8. Welches Butterbrot wird Hans essen?
9. Welche Angelrute hat Vater mit?
10. Welches Ruderboot wird die Familie mieten?

3. Ergänzen Sie mit *müssen, können, wollen, dürfen, sollen* oder *mögen*:

1. Der Fischer..... ein Netz haben, wenn er fischen will.
2. Die Landschaft ist häßlich, Julia.... sie nicht.
3. Darf ich ein zweites Butterbrot nehmen? — Ja, wenn du ....
4. Ihr.... nicht mitkommen, denn euer Vater sagt „nein".
5. Die Familie.... ihre Butterbrote auf der Insel essen.
6. Ich.... zu Fuß gehen, weil mein Auto kaputt ist.
7. „Komisch," sagt Hans. „Ich.... meine Spinne nicht finden."
8. Vater.... nicht rudern, denn er findet es uninteressant.
9. „Sag mal, Mutti, wo.... ich das Brot kaufen, im Super-markt oder beim Bäcker?"
10. „.... ich jetzt rudern?" fragt Hans.

4. Verbessern Sie:

1. Der Schlafanzug von Herrn Ehlers hängt auf einem Kleiderbügel.
2. Zum Rudern braucht man ein Netz.
3. Man macht ein Butterbrot aus zwei Spiegeleiern mit einer Scheibe Brot dazwischen.
4. Herr Ehlers ist immer atemlos, wenn er zum Bus läuft.
5. Irland besteht aus zwei Inseln, die sich im Indischen Ozean befinden.
6. Herr Ehlers steht in seinem Regenmantel und seinen Pantoffeln am Fenster.
7. Es schneit.

8. Herr Ehlers will den Nachmittag auf dem Fluß verbringen.
9. Julia trägt ein Netz mit einer Thermosflasche und Butterbroten.
10. Vater will ein Motorboot mieten, weil es billiger ist.

5. Fragen über die Bildvokabeln. Beantworten Sie:

1. Wem gehört der karierte Anzug?
2. Warum braucht Mutter ein Netz?
3. Was muß man haben, wenn man rudern will?
4. Welche Linie ist länger, die krumme oder die gerade?
5. Beschreiben Sie ein Butterbrot!
6. Was ist eine gefährliche Straße?
7. Wie ist Herr Ehlers, wenn er zum Bus läuft?
8. Wo liegt Großbritannien?
9. Was ist der Unterschied zwischen Nord- und Südirland?
10. Was kann man mit Schnürsenkeln machen?

6. Fragen über die Bildergeschichte. Beantworten Sie:

1. Was ist Vaters Idee?
2. Warum sagt Frau Ehlers so schnell „ja“?
3. Warum hat Vater seine Angelrute mit?
4. Warum will Hans lieber ein Motorboot mieten als ein Ruderboot?
5. Wie rudert Vater?
6. Wie rudert Hans?
7. Wo sollen sie ihre Butterbrote essen?
8. Warum mag Vater nicht rudern?
9. Was macht Hans auf der Insel?
10. Sind seine letzten Worte vielleicht ironisch?

Der Büroausflug

Es ist ein Uhr nachmittags. Julia und Trudi sitzen auf einer Bank im Park und essen ihre Butterbrote zusammen.

Julia: Weißt du, daß wir am Freitag unseren Büroausflug haben? Hoffentlich wird es nicht regnen.

Trudi: Wie schön! Darf ich mitkommen?

Julia: Aber nein. Das ist nur für das Büropersonal. Das weißt du doch.

Trudi: Wohin fahrt ihr?

Julia: In die Berge. Es wird wunderschön sein. Am Morgen werden wir mit dem Kleinbus nach Waldeck fahren und dort im „Goldenen Löwen“ essen.

Trudi: Und am Nachmittag?

Julia: Am Nachmittag werden wir einen Spaziergang im Wald machen.

Trudi: Oh danke! Für Spaziergänge habe ich nicht viel übrig. Was werdet ihr am Abend machen?

Julia: Am Abend werden wir im Garten des „Goldenen Löwen" tanzen.

Trudi: Das ist schon besser. Wird Günter Hasse aus eurer Personalabteilung auch dabei sein — der so nett ist?

Julia: Günter? Ja, ich glaube schon.

Trudi: Aha! Jetzt verstehe ich! Deswegen darf ich nicht mitkommen!

Vokabeln:

die Bank — *bench*
hoffentlich — *let's hope that*
das Personal — *personnel; staff*
der Löwe — *lion*
der Spaziergang — *walk*

danke — (here) *no thank you*
nicht viel übrig haben — *not care much (for)*
deswegen — *that's why*

NEUNZEHNTE LEKTION

BILDVOKABELN

1. Das ist eine lederne Mappe.

Der deutsche Geschäftsmann trägt sehr oft einen grauen Hut, einen grauen Mantel und eine lederne Mappe. Das ist beinahe seine Uniform!

2. Hier seht ihr eine Dusche.

Die zwei Hähne sind für kaltes und heißes Wasser. Viele deutsche Wohnungen haben eine Dusche.

3. Das ist ein deutsches Telegramm in seinem Umschlag.

Sobald Frau Ehlers den Umschlag eines Telegramms sieht, ängstigt sie sich, auch bevor sie ihn aufmacht.

4. Das ist die Anlage für die Zentralheizung.

Unsere neue Heizungsanlage ist im Keller. Haben Sie elektrische Heizung oder Ölheizung?

5. Hier haben wir einen großen Möbelwagen. Jemand zieht um.

Wenn man umzieht, bringt so ein Wagen alle Möbel zu der neuen Wohnung.

6. Das ist ein moderner Fernsehapparat. Julia schaltet ihn ein.

Siehst du viel Fernsehen? — Ja; meine Lieblingssendungen sind die Fernsehspiele im zweiten Programm. — So? Ich sehe die Nachrichten am liebsten. — Tatsächlich? Die finde ich furchtbar langweilig.

7. Das ist der Bürgersteig.

Der Bürgersteig verläuft auf beiden Seiten der Straße.

8. Unter dem Fenster steht das Spülbecken.

Hinter dem Spülbecken auf dem Fensterbrett sind zwei Pakete Waschpulver und ein großes Stück Seife.

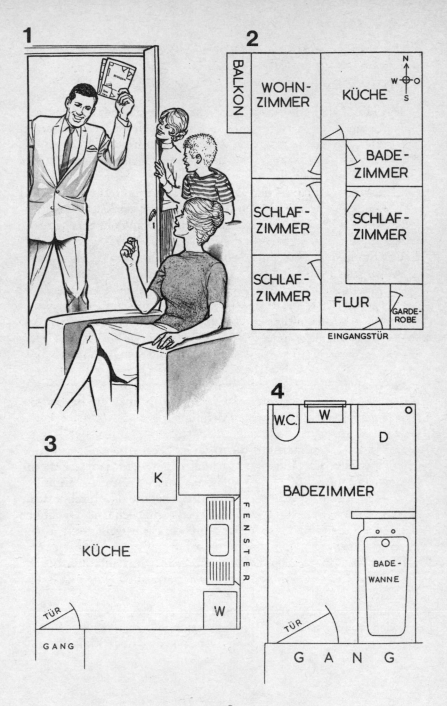

Umziehen

1. „Schönen guten Abend," sagt Herr Ehlers eines Tages, als er vom Büro nach Hause zurückkommt. „Wir ziehen um." — „Wieso?" sagt Hans. „Wohin?" fragt Julia. „Nun, ihr wißt, daß ich seit langem eine neue Wohnung suche. Das alte Haus hier ist viel zu groß für uns und sehr unpraktisch. Und es macht eurer Mutter auch eine Menge Arbeit. Nun also, jetzt bekommen wir eine neue Wohnung in einem modernen Block in der Ringstraße." — „Das ist aber toll, Vati," sagt Hans. „Klaus wohnt in der Ringstraße."

2. „Hier sind die Pläne," sagt Vater. „Zuerst der Gesamtplan. Die Wohnung hat drei Schlafzimmer, eine sehr große Küche, wo wir auch essen können, wenn wir wollen, ein nettes Wohnzimmer mit Balkon und ein kleines Badezimmer. Der Balkon ist auf der Westseite — es wird herrlich sein, an Sommerabenden dort draußen zu sitzen."

3. „Wie ist die Küche?" fragt Mutter. „Sehr groß und modern — sie gefällt dir bestimmt." Und er zieht den Plan der Küche aus seiner Mappe. „Das Spülbecken unter dem Fenster ist aus rostfreiem Stahl. Der Kühlschrank und die Waschmaschine sind eingebaut." — „Das ist ja großartig," sagt Frau Ehlers.

4. „Wie groß ist das Badezimmer?" fragt Julia besorgt. „Ja ja, ich weiß schon, für dich ist das das Allerwichtigste. Du brauchst dich nicht zu ängstigen — da wird Platz genug für all deinen Kram sein." Und er breitet den dritten Plan aus. „Das ist das Badezimmer. Hier ist die Toilette, und hier das Waschbecken unter dem Fenster. Die Badewanne ist an der anderen Wand." — „Was ist das in der Ecke?" fragt Hans. „Ach ja," sagt Vater. „Wir haben sogar eine Dusche — extra für dich, Hans." — „Die Wohnung ist ideal," sagt Mutter. „Hat sie Zentralheizung?" — „Aber natürlich," erwidert Herr Ehlers. „Es gibt eine einzige Anlage für den ganzen Block." — „Und wann ziehen wir um?" — „Am ersten des Monats. Ihr könnt jetzt alle gleich anfangen einzupacken!"

GRAMMAR NOTES

1. er *breitet* den Plan *aus* — ausbreiten
   Julia *schaltet ein* — einschalten
   wir *ziehen um* — umziehen

   These are called separable verbs. The **aus** or **ein** or **um** separates from the verb and stands at the *end* of the clause:
   er *breitet* den Plan schnell *aus*
   he *spreads* the plan *out* quickly

   Though separated from it, the **aus** or **ein** is, in German, a part of the verb. Note what happens in subordinate clauses:
   er *kommt zurück* (main clause)
   .... wenn er nach Hause *zurückkommt* (subordinate clause)
   and with the infinitive without **zu**:
   wir *ziehen um*
   wir müssen *umziehen*
   and with the infinitive with **zu**:
   wir *packen ein*
   wir versuchen *einzupacken*

   The separated part of the German verb may not have an English equivalent: **aufmachen** = *to open*
   umziehen = *to move* (*house*)
   anfangen = *to begin*

2. **ein** modern**er** Wohnblock
   eine neu**e** Wohnung
   ein klein**es** Badezimmer

   After ⎰ masculine **ein** ⎱ the adjective ending is ⎰ **-er**
   ⎨ feminine **eine** ⎬ is ⎨ **-e**
   ⎱ neuter **ein** ⎰ ⎱ **-es**

---

1. **Beantworten Sie mit einem Adjektiv:**

   1. Welcher Geschäftsmann trägt einen grauen Hut?
      — Der d.... Geschäftsmann trägt einen grauen Hut.
   2. Was für eine Mappe trägt er?
   3. Was für einen Fernsehapparat hat Julia?
   4. Was für eine Wohnung sucht Herr Ehlers?
   5. Welches Haus ist zu groß?
   6. Was liegt in der Ringstraße?
   7. Welches Zimmer liegt östlich vom Wohnzimmer?
   8. Was für ein Wohnzimmer hat die Wohnung?
   9. Was gefällt Mutter bestimmt?
   10. Wie viele Heizungsanlagen gibt es im Block?

2. Finden Sie Fragen zu diesen Antworten:

1. Das ist ein g r a u e r Mantel.
2. Doch, das ist ein Telegramm.
3. U n s e r e Heizungsanlage ist in dem Keller.
4. Ich sehe die Nachrichten am liebsten.
5. Ich finde so was sehr langweilig.
6. Nein, sie sind hinter dem Spülbecken.
7. Doch, er ist auf der Westseite.
8. Ringstraße 78.
9. Es ist zweimal so groß wie das alte.
10. Warum nicht?

3. Ergänzen Sie mit trennbaren (*separable*) Verben:

1. Er.... den Plan....
2. Bevor er seine Sachen...., sucht er seinen alten karierten Anzug.
3. Herr Siebert.... immer sehr früh....
4. Es ist sehr kalt, wenn er das Fenster....
5. Wollen Sie die Tür bitte....
6. Die Kinder.... um acht Uhr vom Kino....
7. Herr Ehlers.... seine Zeitung.... und beginnt sie zu lesen.
8. Wir haben kein neues Haus; es ist also unmöglich....
9. Frau Ehlers.... die leeren Dosen....
10. Wir wollen also ins Theater — darf ich meinen Freund....?

4. Ergänzen Sie mit einem Infinitiv:

1. Er öffnet den Plan und versucht ihn....
2. Das Haus ist viel zu klein, wir wollen unbedingt....
3. Sobald Frau Ehlers ein Telegramm sieht, beginnt sie....
4. Wenn ich die Koffer nicht finde, können wir nicht....
5. Herr Ehlers soll um sechs Uhr vom Büro....
6. Julia öffnet den vollen Schrank und fängt an, die Sachen....
7. Wenn die Bahn hält, müssen wir....
8. Wenn ihr.... wollt, könnt ihr es tun.
9. Es ist acht Uhr — wir müssen sofort....
10. Wenn wir nicht endlich.... versuchen, werden wir nie fertig....

5. Fragen über die Bildvokabeln. Beantworten Sie:

1. Warum gibt es zwei Hähne?
2. Wann ängstigt sich Frau Ehlers?
3. Haben Sie eine Heizungsanlage? Wo ist sie?
4. Ist elektrische Heizung billiger als Ölheizung?

5. Wann braucht man einen Möbelwagen?
6. Was siehst du am liebsten im Fernsehen?
7. Welche Sendungen findest du langweilig?
8. Wo verläuft der Bürgersteig?
9. Wo ist die Seife?
10. Wozu braucht man Waschpulver?

6. Fragen über die Bildergeschichte. Beantworten Sie:

1. Woher kommt Herr Ehlers?
2. Warum sucht er eine neue Wohnung?
3. Für wen ist das Haus besonders unpraktisch?
4. Wo ist die neue Wohnung?
5. Warum findet Hans das so toll?
6. Wie viele Zimmer hat die neue Wohnung?
7. Ist das Badezimmer größer als die Küche?
8. Welchen Vorteil hat der Balkon?
9. Was ist für Julia das Allerwichtigste?
10. Was gibt es extra für Hans im Badezimmer?

Der Fernsehapparat

Vor dem Haus der Familie Ehlers steht ein großer Möbelwagen. Zwei Männer tragen einen Fernsehapparat aus dem Haus.

I. Mann: Das ist also das Letzte.

II. Mann: Es ist aber kein Platz mehr im Wagen. Was machen wir mit dem Ding?

I. Mann: Was weiß ich denn? Am besten stellen wir es hier auf den Bürgersteig hin — dann können wir eine Pause machen.

II. Mann: Das ist mir recht. Hier hinter dem Wagen wird der Fernsehapparat ganz sicher sein. Gehen wir schnell ein Glas Bier trinken!

Die zwei Männer gehen weg. Hans erscheint mit Klaus an der Haustür.

Hans: Das Haus ist jetzt völlig leer. Der Fernsehapparat war das Letzte.

Klaus: Aber Hans, siehst du — der Apparat steht immer noch auf dem Bürgersteig. Ob sie ihn vergessen haben —?

Hans: Ja, sicher! Sie sind nicht mehr da — wenn sie zurückkommen, fahren sie einfach ab und lassen den Fernsehapparat dort stehen!

Klaus: Wir müssen ihn in den Wagen heben.

Hans: Tun wir das! (*Sie heben den Fernsehapparat hoch.*)

Klaus: Er ist schwerer, als man denkt.

Hans: Ja, eben! Viel schwerer — noch ein bißchen höher und — ach, du liebe Zeit. . . . !

Der Fernsehapparat fällt herunter und ist völlig kaputt. Die zwei Männer kommen zurück.

I. *Mann:* Na, wunderbar!

Hans: Wieso wunderbar?

I. *Mann:* Jetzt brauchen wir keinen Platz mehr dafür in unserem Wagen zu suchen!

Vokabeln:

das Ding — *thing*	vergessen — *forget*
eine Pause machen — *have a rest*	abfahren — *drive off*
völlig — *completely*	stehenlassen — *leave standing*
hinstellen — *put down*	hochheben — *lift up*
ob...? — *I wonder if....?*	

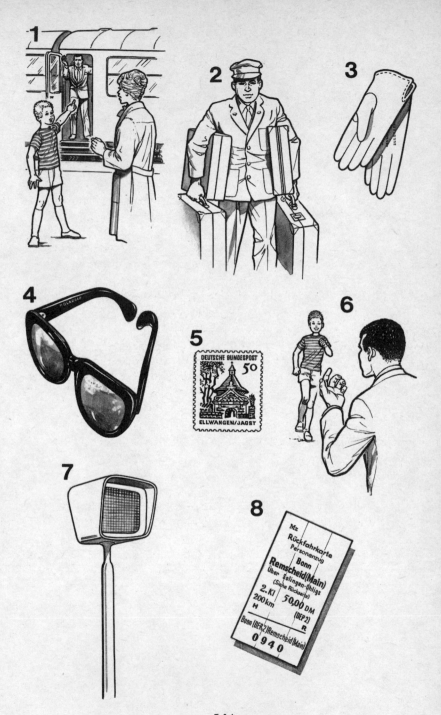

BILDVOKABELN

1. Mutter steigt in den Zug ein.

Vater sagt: „Komm herein!" Hans sagt: „Steig hinein!"

2. Das ist ein Gepäckträger.

Was für Gepäck trägt er? Er trägt vier schwere Koffer. Wenn ich so schwere Koffer trage, muß ich sie oft hinstellen.

3. Das sind Julias neue Handschuhe.

Sie sind sehr schick, nicht wahr? Sie sind aus dunkelbraunem Leder.

4. Das ist eine Sonnenbrille.

Man trägt so eine Brille aus dunklem Glas, wenn die Sonne sehr hell scheint.

5. Das ist eine deutsche Briefmarke.

Man muß eine Briefmarke auf den Umschlag kleben, bevor man einen Brief auf die Post gibt. Sammeln Sie deutsche Briefmarken?

6. „Komm her," ruft Vater, und Hans kommt hergelaufen.

Warum läuft er so schnell? Weil er es eilig hat

7. Hier sehen wir einen Lautsprecher.

Sie haben einen Lautsprecher in Ihrem Radio- oder Fernsehapparat.

8. Das ist eine Fahrkarte.

Diese Karte ist eine Rückfahrkarte. Damit kann man hin- und zurückfahren.

Auf dem Bahnhof

1. Die Familie Ehlers fährt auf Urlaub nach Spanien. Sie stehen mit acht Koffern und einem Netz in der Eingangshalle des Bahnhofs und suchen einen Gepäckträger. Julia trägt ein neues Kostüm, neue, weiße Schuhe und neue Handschuhe. „Du siehst sehr schick aus, Julia," sagt Mutter. „Du auch, Hans. Aber ich verstehe nicht, warum du diese Sonnenbrille trägst. Es ist doch ganz wolkig heute, und wir sind sowieso in der Halle." — „Sie ist neu," sagt Hans. „Außerdem bin ich von nun an auf Urlaub."

2. Vater hat die Fahrkarten schon, und die Familie geht durch die Sperre und auf den Bahnsteig, während Vater mit dem Gepäckträger und sieben großen Koffern zu der Gepäckannahme geht, um sein Gepäck aufzugeben. „Die sehen wir erst in Valencia wieder," sagt er erleichtert, gibt dem Gepäckträger ein Trinkgeld und geht zum Bahnsteig 6, um seine Familie zu finden.

3. Dort findet er Mutter und Julia, aber Hans ist weg. „Wo ist der Junge denn? Der Zug fährt in sieben Minuten ab." — „Er ist auf der Post in der Eingangshalle. Er kauft ein paar Briefmarken, damit er sie nicht an der Costa Brava zu kaufen braucht." — „Aber um Himmels willen, was nützen ihm deutsche Briefmarken in Spanien?" — „Ach ja!" sagt Mutter. „Er wird ganz böse sein, wenn er zurückkommt." — „I c h werde ganz böse sein, wenn er zurückkommt. Es bleiben nur noch fünf Minuten bis zur Abfahrt des Zuges."

4. Gerade in dieser Minute fährt der Zug in den Bahnhof ein. Die Leute drängen sich an den Türen, denn jeder will für sich einen bequemen Eckplatz finden. Die Ehlers haben es nicht so eilig: Sie haben reservierte Plätze. Aber Hans ist immer noch nicht zurück. Die drei anderen steigen ein. Dann hören sie über den Lautsprecher: „Der Fernschnellzug auf Gleis 6b fährt jetzt ab. Alle Reisenden bitte einsteigen und Türen schließen." — „Was machen wir denn?" fragt Mutter. „Er muß sich ein bißchen eilen," sagt Julia. „Ich glaube, wir müssen alle wieder aussteigen," brummt Vater. „Sobald ich diesen Jungen erwische. . . ."

5. Aber jetzt, gerade in der letzten Minute, kommt Hans hergelaufen. „Schnell, herein," ruft Julia. Atemlos steigt er ein und wirft sich auf seinen Platz. „Wißt ihr was?" sagt er. „In Spanien kann man deutsche Marken nicht gebrauchen. Ich bin ja dumm!" — „Das darfst du ruhig noch einmal sagen," sagt Vater Ehlers von Herzen.

GRAMMAR NOTES

1. **Komm *her*!**
   Steig *hinein*!

   her means "towards the speaker"
   hin means "away from the speaker"
   They are added to motion verbs to show direction. Like **auf, aus,** etc. they separate from the verb in main clauses. If the verb already has a prefix they stand with this.

   hin sometimes means *down:*
   Ich stelle den Koffer hin.

2. **I c h werde böse sein.**
   Emphasis is indicated in German print not by italics but by spacing the letters of the word emphasised.

3. **Radio- oder Fernsehapparat**
   Hin- und zurückfahren
   This is a common way of abbreviating. The sense is:
   Radioapparat oder Fernsehapparat
   Hinfahren und zurückfahren

4. sie sind aus dunkelbraun**em** Leder
   sie haben reservierte Plätze
   Julia trägt neu**e** Schuhe
   mit sieben groß**en** Koffern
   Adjectives before a noun with no article in front of them take the endings of the definite article.

1. **Beantworten Sie mit einem Adjektiv:**
   1. Was für Koffer trägt der Gepäckträger?
      — Er trägt sch.... Koffer.
   2. Was für Schuhe hat Julia?
   3. Was für eine Briefmarke muß man in Deutschland auf den Umschlag kleben?
   4. Was für ein Kostüm trägt Julia?
   5. Was für ein Tag ist es?
   6. Was für eine Sonnenbrille trägt Hans?
   7. Was für Briefmarken kauft Hans?
   8. Was für einen Platz suchen die Leute?
   9. Was für Plätze haben die Ehlers?
   10. Was ist eine Sonnenbrille?

2. Ergänzen Sie mit Verben:

1. Die Familie Ehlers.... in den Zug....
2. Ihr.... den Brief auf die Post.
3. Wir.... deutsche Briefmarken.
4. Mit seiner Sonnenbrille.... Hans sehr komisch....
5. Hans.... atemlos auf seinen Platz.
6. Der Zug.... um vier Uhr zwanzig.
7. Er wird böse sein, wenn er....
8. Der Fernschnellzug.... in den Bahnhof....
9. Der Zug hält, und der Mann.... eilig....
10. Ich.... mit dem Bus.... und mit dem Zug....

3. Ergänzen Sie:

1. Die Familie fährt....
2. Sie sucht....
3. Julia trägt....
4. Außerdem bin ich....
5. Die sehen wir....
6. Er geht zum Bahnsteig sechs,....
7. Ich verstehe nicht,....
8. Es bleiben nur noch....
9. Die Ehlers haben es....
10. Gerade in der letzten Minute....

4. Verbessern Sie:

1. Julias neue Handschuhe sind aus dunkelgrünem Leder.
2. Man trägt eine Sonnenbrille, wenn es regnet.
3. Man klebt die Briefmarken auf den Brief.
4. Hans läuft so schnell, weil er müde ist.
5. Sie haben einen Lautsprecher an Ihrem Rad.
6. Man braucht eine Armbanduhr, um so viel Gepäck zu tragen.
7. Mit einer Kinokarte kann man hin- und zurückfahren.
8. Die Familie Ehlers steht mit acht Koffern auf dem Bahnsteig.
9. Vater muß die Karten noch kaufen.
10. Hans ist nicht mehr da, denn er trinkt einen Kaffee im Bahnhofsrestaurant.

5. Fragen über die Bildvokabeln. Beantworten Sie:

1. Was macht Mutter?
2. Wer trägt das schwere Gepäck?
3. Wer hat schicke, neue Handschuhe?
4. Tragen Sie lederne Handschuhe?

5. Wann tragen Sie eine Sonnenbrille?
6. Was muß man machen, bevor man einen Brief auf die Post gibt?
7. Wer hat es eilig?
8. Haben Sie einen Radio– oder Fernsehapparat?
9. Wozu braucht man einen Lautsprecher?
10. Was ist eine Rückfahrkarte?

6. **Fragen über die Bildergeschichte. Beantworten Sie:**
1. Was macht die Familie in der Eingangshalle?
2. Warum trägt Hans eine Sonnenbrille?
3. Wie kommt die Familie auf den Bahnsteig?
4. Was macht Vater an der Gepäckannahme?
5. Was bekommt der Gepäckträger?
6. Warum ist Hans weg?
7. Wie lange ist es noch bis zur Abfahrt des Zuges?
8. Warum drängen sich die Leute an den Türen?
9. Was müssen die Reisenden machen, bevor der Zug abfahren kann?
10. Hans steigt in den Zug ein — ist er müde?

Im Postamt

Der Postbeamte bedient eine alte Dame. Hans steht hinter ihr; er hat es sehr eilig.

Beamte: Ja, bitte?
Dame: Ich möchte dieses Telegramm abschicken, bitte. 12 Wörter.
Beamte: Eins, zwei, drei — — sechzehn Wörter mit der Adresse.
Dame: Ach so.
Beamte: Das macht zwei Mark achtzig, bitte.
Dame: Bitte schön.
Hans: Bitte, ich möchte —
Dame: Einen Augenblick, bitte, junger Mann. Ich bin hier noch nicht fertig.
Hans: Oh, Verzeihung.
Dame: Haben Sie Postkarten da, bitte?
Beamte: Ja, sicher. Wie viele?
Dame: Drei, bitte.
Beamte: Noch sechzig Pfennig, bitte.
Dame: Bitte schön.
Hans: Bitte, ich möchte zehn —
Dame: Seien Sie nicht so voreilig, junger Mann. Ich habe noch etwas hier zu erledigen.

Hans: Aber mein Zug —

Dame: Also bitte, ich möchte diesen Brief einschreiben lassen.

Hans: Aber das wird ewig dauern — und mein Zug fährt in zwei Minuten. Ich möchte bloß zehn Briefmarken zu fünfzig, bitte.

Beamte: Briefmarken? Die hab' ich nicht hier. Die bekommen Sie an Schalter zwo, dort, wo die Leute Schlange stehen.

Vokabeln:

der Postbeamte — *post-office official*

abschicken — *send off*

voreilig — *in a great hurry*

erledigen — *attend to*

einschreiben lassen — *have registered*

ewig — *for ever*

dauern — *to last*

bloß — *simply; merely*

der Schalter — *counter section*

Grammar Survey

1. ADJECTIVE ENDINGS

A. Standing in the predicate without a noun, adjectives have no endings:

Der Apfel ist *rot*.

B. After **der, dieser, jener** (*that*), **jeder, welcher** the endings are:

	singular			plural all genders
	masculine	*feminine*	*neuter*	
nom.	der rote Apfel	die rote Wand	das rote Buch	
acc.		die rote Wand	das rote Buch	
gen.				
dat.		.....roten.....		

C. After **ein, kein** and the possessives **mein, dein, sein, ihr, unser, euer, Ihr** the endings are:

	singular			plural all genders
	masculine	*feminine*	*neuter*	
nom.	ein roter Apfel	eine rote Wand	ein rotes Buch	
acc.		eine rote Wand	ein rotes Buch	
gen.				
dat.		.....roten.....		

D. With no preceding article the endings are:

	singular			plural all genders
	masculine	*feminine*	*neuter*	
nom.	guter Wein	frische Milch	neues Geld	alte Leute
acc.	guten Wein	frische Milch	neues Geld	alte Leute
gen.	guten Weines	frischer Milch	neuen Geldes	alter Leute
dat.	gutem Wein	frischer Milch	neuem Geld	alten Leuten

Note: These endings are the same as those of **der**, except for the genitive singular masculine and neuter (which are in any case extremely rare).

das Beste — *the best thing*   **der Reisende** — *the traveller*
An adjective given a capital letter, and gender according to the sense, frequently does duty as a noun. It still takes normal adjective endings.

2. FUTURE TENSE

This is formed by using the present tense of **werden** plus the infinitive:

ich werde es finden

German uses the present instead of the future even more frequently than English does:

ich gehe nächste Woche
I shall go (am going) next week

3. SEPARABLE VERBS

Verbs whose infinitives begin with the prefixes
ab-, an-, auf-, aus-, bei-, ein-, nach-, über-, um-, unter-, vor-, vorbei-, weiter-, zu-, zurück-, hin-, her-
(and others less common), and which are pronounced with the stress on the prefix, are known as separable verbs. In main clauses the prefix separates and goes to the end of the clause:

er steht sehr schnell auf

In subordinate clauses the prefix and the verb are both placed at the end and written as one word:

nachdem er aufsteht, geht er aus dem Zimmer.

The infinitive without **zu** is also written as one word:

ich muß aufstehen.

When the infinitive is used with **zu** the **zu** is placed between the prefix and the verb. This form also is written as one word:

er versucht aufzustehen.

The prefixes **hin-** and **her-** imply respectively *motion away from* and *motion towards* the speaker. They are often untranslatable. They may be added to almost all the motion prefixes, or used as prefixes in their own right with simple verbs of motion, to indicate direction.

163

4. MODAL VERBS

The six verbs **müssen**
           können
           wollen
           sollen
           dürfen
           mögen are known as modals — verbs of mood. They almost always appear with a dependent infinitive, which is used without **zu**. Here are their principal meanings and examples of some secondary uses:

müssen — *must; have to*
        ich muß nicht = *I don't have to* (rather than *I mustn't*)

können — *can; be able*
        das kann sein = *that may be*

wollen — *intend to; want to; will*
        (but, *he will go* = **er wird gehen**)

sollen — *is to*
        er soll gehen = *he is to go*
        er soll reich sein = *he is said to be rich*

dürfen — *may* (= *be allowed to*)
        ich darf nicht = *I mustn't*

mögen — *like; wish to*
        das mag sein = *that may be*

5. THE IMPERATIVE

Sie form: **gehen Sie!**
ihr form: **geht (ihr)!** — the **ihr** is usually omitted
wir form: **gehen wir!**
              wollen wir gehen?
              wir wollen gehen!
              laß uns gehen!
du form: **geh(e) (du)!** — the **du** is usually omitted; the **-e** is more common in writing than in speech.

Note that verbs with a vowel change in the **du** and **er** forms of the present tense* also change it in the **du** form of the imperative:
        geben — du gibst — gib!
An extra **-e** is not possible with these verbs.

---

* But not those that merely modify the vowel: **du fährst**, but **fahr(e)!**

Sein is irregular: **seien Sie!**
seid (ihr)!
seien wir!
sei (du)!

6. RELATIVE PRONOUNS

	singular			plural all genders
	masculine	feminine	neuter	
nominative	der	die	das	die
accusative	den	die	das	die
genitive	**dessen**	**deren**	**dessen**	**deren**
dative	dem	der	dem	**denen**

Apart from the forms in heavy type the relative pronouns are identical with the definite article.

The relatives agree in gender and number with the noun or pronoun they refer back to; their case is determined by their function in their own clause:

> **der Mann, *der* dich kennt**
> **der Mann, *den* du kennst**
> **der Mann, *dessen* Tochter dich kennt**
> **der Mann, *dem* du den Brief gibst**

7. PREPOSITIONS + "IT"

The forms **darauf, dafür, damit, darunter,** etc. are used to mean *on it* or *on them, for it* or *for them, with it* or *with them,* etc., referring to things.
Similarly formed are **worauf, wofür, womit, worunter,** etc., meaning *on what, for what, with what, under what,* etc. in questions.
The **-r-** appears between **da** or **wo** and the preposition when the latter begins with a vowel.

8. ORDER OF OBJECTS

The normal order of objects is:
accusative before *dative* unless the accusative is a noun.
Note that an adverb of time will often precede a noun object:

> **Mein Vater wird mir *nächsten Montag* ein neues Rad geben.**

9. "THERE REMAINS", "THERE IS"

There as a subject is **es:**

> **es bleibt nur noch eine Woche** — *there is only one week left*
>
> **es steht ein alter Mann auf der Bismarckstraße**
>
> **es ist kein Geld in dem Sparschwein**

The words **Woche, Mann, Geld** are in the nominative.

Note what happens when this construction is followed by a plural:

es lieg*en* drei Bücher auf dem Tisch

Compare: **das *sind* zwei Bücher** — *those are two books.*

When *position* is not involved, *there is* or *there are* = **es gibt** plus accusative:

> **es gibt zu viel zu tun.**

10. STRONG VERBS

Here are the irregular parts of the present tense of the new strong verbs we have met in the last four lessons:

dürfen — *be allowed:* **ich darf; du darfst; er darf**

mögen — *like:* **ich mag; du magst; er mag**

sollen — *is to:* **ich soll; er soll**

Exercises

1. **Give the gender and plural of:**
   Anlage; Anzug; Bad; Bahnsteig; Balkon; Ball; Bank; Baßgeige; Boot; Briefmarke; Brille; Bürgersteig; Bruder; Ding; Dusche; Fernsehapparat; Fernsehspiel; Freude; Freund; Gang; Getränk; Gitarre; Gleis; Halle; Hand; Handschuh; Herz; Insel; Instrument; Kellner; Kerl; Klang; Kleiderbügel; Kühlschrank; Linie.

2. **Give the gender and plural of:**
   Löwe; Mannschaft; Mappe; Meinung; Menge; Möbel; Nachricht; Netz; Pantoffel; Paket; Postamt; Postbeamter; Programm; Reisender; Republik; Ruder; Schachtel; Sendung; Sperre; Spülbecken; Tanzkapelle; Telegramm; Theke; Toilette; Tor; Trinkgeld; Uniform; Vetter; Wort; Zug.

3. (a) **Give the appropriate forms of the present tense of the following verbs:**
   ich (dürfen); du (mögen); ihr (sollen); wir (geben); ich (sein); es (mögen); Sie (müssen); sie (*she*) (dürfen); ich (mögen); er (sollen).

(b) **Rewrite in the future:**
  1. Er breitet den Plan aus.
  2. Sie ängstigt sich.
  3. Ihr zerbrecht das Fenster.
  4. Hans und seine Schwester kommen zurück.
  5. Du steigst aus dem Taxi.
  6. Ich suche meinen Bleistift.
  7. Wir ziehen heute um.
  8. Sie können nicht mitfahren.
  9. Seid ihr schon hier?
  10. Es wird heute nachmittag kalt.

4. **Complete:**
  1. D– rot– Füllhalter, d– du suchst, ist unter d– Nachttisch.
  2. D– Regenmantel dies– Junge– ist nicht in mein– kleiner– Koffer.
  3. D– hübsch– Mädchen möchte dies– lang– Telegramm abschicken und hat kei– Geld.
  4. Jung– Leute haben klein– Hund– mit groß– Ohr– immer sehr gern.
  5. Eu– alt– Tante–, d– Häus– in d– Bahnhofstraße stehen, wollen neu– Autos kaufen.
  6. Dies– groß– Geburtstagskuchen gehört mei– klei– Tochter.
  7. D– hübsch– Stenotypistin– sitzen in d– modern– Büros und schreiben Brief–.
  8. D– schön– Tannenwäld–, von d– du sprichst, liegen in d– Nähe von München.
  9. D– Mann, d– Tochter ich kenne, geht gerade durch d– Tor.
  10. Grün– Kleid– stehen dir nicht, auch nicht mit ledern– Handschuh–.

5. **Substitute pronouns for the words underlined:**
  1. Ich gebe meiner alten Großmutter einen Zehnmarkschein.
  2. Der junge Hund spielt unter dem Auto.
  3. Wollen sie mir Salz und Pfeffer reichen, bitte?
  4. Das Motorboot ist schon auf dem Fluß.
  5. Vater gibt Hans die Ruder.
  6. Herr und Frau Siebert tragen heute neue Hüte und neue Regenmäntel.
  7. Sie beklagt sich über die Zentralheizung.
  8. Das Spülbecken unter dem Fenster ist kaputt.
  9. Die Schreibmaschine gehört nicht dem Zahnarzt.
  10. Wir sehen den Polizisten unter dem Auto.

6. **Join the following pairs of sentences (a) with *und*, (b) with *bevor*:**
    1. Hans spart sein Geld. Hans kauft eine Gitarre.
    2. Mutter sucht ihr Netz. Mutter geht einkaufen.
    3. „Ich mag sowieso nicht rudern," sagt Vater. Er steckt seine Angelrute zusammen.
    4. Wir werden im „Goldenen Löwen" essen. Wir werden dann tanzen.
    5. Kauft eine neue Wohnung! Zieht um!
    6. Sie kommen zurück. Wir fahren ab.
    7. Der Postbeamte bedient die alte Dame. Dann bedient er Hans.
    8. Der Wecker läutet. Hans steht schnell auf.
    9. Wir müssen die Insel finden. Dann können wir unsere Butterbrote essen.
    10. Wir machen einen Spaziergang durch den Wald. Wir gehen nach Hause.

7. **Write nine or ten sentences in German:**
    (a) You are Hans. Explain how well you are learning to play the guitar and how difficult the family is making things for you.
    (b) Tell the story of the river excursion from Herr Ehlers' point of view.
    (c) Describe your own house. Illustrate with a labelled plan.
    (d) You are a post-office official. Write a conversation between yourself and a customer who is extremely hard of hearing (*hard of hearing* = **schwerhörig**).
    (e) Write the station incident in the form of a connected dialogue. Use the direct speech already there and invent the rest.

8. **Put into German:**
    1. Hans, who is fifteen years old, is saving his money to buy a guitar.
    2. Let's give it to her.
    3. You really must take it away from him.
    4. I can't stand it any longer.
    5. The weather will be wonderful today.
    6. Besides, a motorboat is much cheaper.
    7. "I don't care for rowing anyway," says father, putting his rod together.

8. We are getting a new flat in a modern block in the Ringstraße.
9. There will be room enough for all your junk.
10. The Ehlers, who have reserved seats, are not in such a hurry.

9. **Translate:**

1. in the background	21. for a long time
2. they shout for joy	22. a great deal of work
3. enough money	23. you'll like it
4. second hand	24. built-in
5. all the same	25. the most important thing of all
6. just wait	26. on the first of the month
7. outside in the garden	27. how should I know?
8. from upstairs	28. let's do that
9. so-called	29. made of dark-brown leather
10. a little quieter	30. he comes running up
11. three-nil against us	31. you look very smart
12. how do you know?	32. from now on
13. e.g.	33. a few steps
14. an independent country	34. what good are they to him?
15. just look	35. right at the last moment
16. half asleep	36. you can safely say that again
17. anyone can do it	37. I'm not finished here yet
18. in the morning	38. that will go on for ever
19. I think so	39. I should just like....
20. as soon as	40. ten fifty-pfennig stamps

10. **Use the above phrases in twenty simple German sentences, two phrases to a sentence.**

Kreuzworträtsel Nr. 3

Waagerecht

1. Ich mache etwas kaputt. (9)
6. Nicht sie und nicht 4. (2)
7. Wie 4. (2)
8. Etwas zu essen. (2)
9. Drei— drei ist neun. (3)
10. Man findet sie vor dem Bahnhof. (5)
11. 9 (senkrecht) im Accusativ. (5)
12. Haben Sie einen —? So heißen Sie! (5)
14. Frühlingsmonat. (3)
15. Wie in der Natur. (9)

Senkrecht

1. Sie kommen jeden Tag durch die Tür. (9)
2. Wie 6. (2)
3. Mann, der Reist (9)
4. Ein Ding. (2)
5. Leute, die es eilig haben, — —. (5, 4)
8. Wie 8. (2)
9. Jemand. (3)
13. Das macht der Maler. (4)
14. Frühlingsmonat. (3)

Only irregular parts are listed. For compound verbs refer to simple verb.

backen	*bake*	du bäckst, er bäckt (also weak)
dürfen	*be allowed*	ich darf, du darfst, er darf
essen	*eat*	du ißt, er ißt
fallen	*fall*	du fällst, er fällt
fahren	*travel*	du fährst, er fährt
geben	*give*	du gibst, er gibt
haben	*have*	du hast, er hat
halten	*hold; stop*	du hältst, er hält
können	*can*	ich kann, du kannst, er kann
lassen	*let*	du läßt, er läßt
laufen	*run*	du läufst, er läuft
lesen	*read*	du liest, er liest
mögen	*like*	ich mag, du magst, er mag
müssen	*must*	ich muß, du mußt, er muß
nehmen	*take*	du nimmst, er nimmt
schlafen	*sleep*	du schläfst, er schläft
sehen	*see*	du siehst, er sieht
sein	*be*	ich bin, du bist, er ist, wir sind, ihr seid, sie sind
sollen	*is to*	ich soll, er soll
sprechen	*speak*	du sprichst, er spricht
tragen	*wear; carry*	du trägst, er trägt
tun	*do*	ich tue, du tust, er tut, wir tun, ihr tut, sie tun
wachsen	*grow*	du wächst, er wächst
werden	*become*	du wirst, er wird
werfen	*throw*	du wirfst, er wirft
wissen	*know*	ich weiß, du weißt, er weiß
wollen	*want*	ich will, du willst, er will

GERMAN—ENGLISH VOCABULARY

Plurals are given in brackets.
a.n.=adjective used as noun. Takes capital letter and adjective endings.

ab, down; off
der **Abend** (–e), evening
abends, in the evening
aber, but; however
    aber nein, no, of course not
abfahren, depart; drive off
die **Abfahrt,** departure
abgeben, pass (*sport*)
abschicken, send off
absolut, absolutely
die **Abteilung** (–en), department
ach, ah; oh
    ach du liebe Zeit!, good heavens
    ach ja!, oh yes
    ach so!, oh, I see
    ach was!, oh, come off it!
acht, eight
achtzehn, eighteen
die **Adresse** (–n), address
der **Alkohol,** alcohol
all(e), all
allein, alone; only
ein für **allemal,** once and for all
das **Allerwichtigste** (*a.n.*), the most important thing of all
alles, everything
als, than; as; when
also, well; then
alt, old
an, on; at
    an.... vorbei, past
die **Ananas** (–), pineapple
andere, other
anders, different
anfangen, begin
angeln, fish
die **Angel(rute)** (–n), fishing rod
sich **ängstigen,** become alarmed
ängstlich, worried; anxious
anhören, listen to
ankommen, arrive
die **Anlage** (–n), plant; installation
anreden, address

anschaffen, get hold of; get
anstatt (+*gen.*), instead of
die **Antwort** (–en), answer
antworten, answer
der **Anzug** (¨e), suit
der **Apfel** (¨), apple
der **Apparat** (–e), machine
    am Apparat on the phone; "speaking"
(der) **April,** April
die **Arbeit,** work
arbeiten, work
der **Arbeitstag** (–e), working day
der **Arm** (–e), arm
arm, poor
das **Armband** (¨er), bracelet
die **Armbanduhr** (–en), wrist watch
der **Artikel** (–), article
die **Assistentin** (–nen), assistant
atemlos, breathless
atlantisch, Atlantic
au!, oh! ouch!
auch, also; too
    auch nicht, not...either; not even
auf (*prep.*), on
    (*adv.*), open
    (*prefix*), up
    auf Wiedersehen, goodbye
    auf.... zu, towards
der **Aufenthalt** (–e), stay
aufgeben, hand over
aufgegessen, eaten up
aufheben, lift up
aufmachen, open
das **Auge** (–n), eye
der **Augenblick** (–e), moment
    Augenblick mal! just a moment
die **Augenbraue** (–n), eyebrow
(der) **August,** August
aus, out of
ausbreiten, spread out

der **Ausflug** (¨e), excursion
der **Ausgang** (¨e), exit
ausräumen, clear out
ausrichten, pass on
aussehen, look; appear
außerdem, apart from that
das **Auto** (–s), car
die **Autobahn** (–en), motorway

baken, bake
der **Bäcker** (–), baker
das **Bad** (¨er), bath
das **Badezimmer** (–), bathroom
die **Bahn** (–en), tram
der **Bahnhof** (¨e), railway station
der **Bahnsteig** (–e), platform
bald, soon
der **Balkon** (–s), balcony
der **Ball** (¨e), ball
die **Banane** (–n), banana
die **Bank** (¨e), bench
die **Baßgeige** (–n), double bass
(das) **Bayern,** Bavaria
der **Baum** (¨e), tree
der **Beamte** (*a.n.*), official
beantworten, answer
bedeuten, mean
bedienen, serve
sich **befinden,** be; be situated; find oneself
begeistert, thrilled
beginnen, begin
beherrschen, master
behilflich, helpful; of assistance
bei, with; at the house of; from
beide(s), both
das **Bein** (–e), leg
beinahe, almost
das **Beispiel** (–e), example
zum Beispiel (z.B.), for example (e.g.)
sich **beklagen,** über (+ *acc.*) complain
bekommen, get
bequem, comfortable
der **Berg** (–e), mountain
der **Bergsteiger** (–), mountaineer
Bescheid sagen, inform
beschreiben, describe
besitzen, own
besonders, especially

besorgt, concerned
besser, better
bestehen aus, consist of
bestellen, order
am **besten....,** the best thing to do is ....
bestimmt, definitely
das **Bett** (–en), bed
bevor, before
bezahlen, pay
biegen, bend
wir biegen links ab, we turn left
das **Bier** (–e), beer
die **Bildergeschichte** (–n), picture story
billig, cheap
bin, am
binden, tie
der **Birnbaum** (¨e), pear tree
die **Birne** (–n), pear; (*electric*) bulb
bis, until
ein **bißchen,** a bit
bitte, please; don't mention it
das **Blatt** (¨er), leaf
blau, blue
der **Bleistift** (–e), pencil
blind, blind
bloß, simply; just
blühen, bloom
der **Blumenkohl** (–e), cauliflower
der **Blumentopf** (¨e), flower pot
die **Bluse** (–n), blouse
die **Bockwurst** (¨e), long frankfurter sausage
der **Boden** (–), floor
der **Bodensee,** Lake Constance
der (das) **Bonbon** (–s), sweet
das **Boot** (–e), boat
böse, annoyed
die **Bratkartoffel** (–n), fried potato
die **Bratpfanne** (–n), frying pan
die **Bratwurst** (¨e), long fried sausage
brauchen, need
braun, brown
der **Brief** (–e), letter
die **Briefmarke** (–n), stamp
die **Brieftasche** (–n), wallet
der **Briefträger** (–), postman
die **Brille** (–n), pair of spectacles

174

bringen, bring
die **Broschüre** (–n), pamphlet
das **Brot** (–e), bread; loaf
das **Brötchen** (–), roll
die **Brücke** (–n), bridge
der **Bruder** (⁻), brother
das **Buch** (⁻er), book
die **Bude** (–n), stall
die **Bundesrepublik,** Federal Republic (*of Germany*)
der **Bürgersteig** (–e), pavement
das **Büro** (–s), office
der **Büroausflug** (⁻e), office trip
das **Bürogebäude** (–), office block
die **Bürstenfrisur** (–en), crew cut
der **Bus** (–se), bus
der **Busch** (⁻e), bush
die **Bushaltestelle** (–n), bus stop
die **Butter,** butter
das **Butterbrot** (–e), sandwich

da, there
   da drüben, over there
das **Dach** (⁻er), roof
   dafür, for it
die **Dame** (–n), lady
   danke schön, thanks very much
   damit, with it
   dann, then (*time*)
   darauf, on it
   darin, in it
   das, that (*pronoun*)
   daß, that (*conj.*)
   dasselbe, the same thing
   dauern, last
   dazwischen, in between
   dazu, to it; with it; in addition
   denken, think
   denn (*conj.*), for
      (*adv.*), then (*consequence*)
   deprimiert, depressed
   deswegen, that's why
   deshalb, that's why
   deutsch, German
der **Deutsche** (*a.n.*), German
(das) **Deutschland,** Germany
(der) **Dezember,** December
   dich, you
   dick, fat
(der) **Dienstag,** Tuesday
   dieser, this

das **Ding** (–e), thing
   dir, to you
   doch (*adv.*), yet; just; after all
      (*interj.*), oh yes
der **Dom** (–e), cathedral
(der) **Donnerstag,** Thursday
das **Dorf** (⁻er), village
   dort, there
die **Dose** (–n), tin
sich **drängen,** throng
   draußen, outside
   drei, three
   dreißig, thirty
   dreizehn, thirteen
   dritte, third
   du (*interj.*), hey; you know
   dumm, stupid
   dunkel, dark
   dünn, thin
   durch, through
   dürfen, be allowed to; may
die **Dusche** (–n), shower
der **Duschraum** (⁻e), shower room

die **Ecke** (–n), corner
der **Eckplatz** (⁻e), corner seat
   egal, indifferent
   das ist mir egal, it's all the same to me
das **Ei** (–er), egg
   eigentlich, in fact
   eilen, hurry
sich **eilen,** hurry up
   eilig, hurriedly
   er hat es eilig, he's in a hurry
   ein, a; one
   einäugig, one-eyed
   einfach, simple
   einfahren, draw in
die **Eingangshalle** (–n), entrance hall
   eingebaut, built-in
   einige, a few
der **Einkauf** (⁻e), purchase
   einmal, once
   noch einmal, once again
   einschalten, switch on
   einschreiben, register
   einsteigen, get in
   einziehen, move in (*house*)

einzig, single; only
die Eisenbahnlinie (–n), railway line
elektrisch, electric
elf, eleven
die Eltern (*plural*), parents
empfehlen, recommend
das Ende (–n), end
enden, end
endlich, finally
(das) England, England
englisch, English
enorm, enormously
sich entfernen, move away
entgegen, towards
entlang, along
Entschuldigung! excuse me
er, he; it
die Erdbeere (–n), strawberry
die Erdbeermarmelade, strawberry jam
die Erde (–n), earth; world
das Erdgeschoß, ground floor
ergänzen, complete
erledigen, attend to
erleichtert, relieved
erregt, excited
erscheinen, appear
erschrocken, startled
erst, first
erst in, not until
erst um, not until
ertragen, bear
erwidern, reply
erwischen, catch hold of
es, it
essen, eat
etwas, something
euch, you; to you
euer, your
ewig, for ever
extra, specially

das Fach (–er), shelf; compartment
fahren, travel; go
die Fahrkarte (–n), ticket
der Fahrstuhl (–e), lift
fallen, fall
falsch, wrong
die Familie (–n), family
die Farbe (–n), colour
fast, almost

(der) Februar, February
das Fenster (–), window
das Fensterbrett (–er), windowsill
der Fernschnellzug (–e) long-distance express
der Fernsehapparat (–e), television set
das Fernsehen, television
das Fernsehspiel (–e), television play
fertig, finished; done
fest, firm; fast
das Feuer (–), fire; a light
der Film (–e), film
der Filmschauspieler (–), film star
die Filmveranstaltung (–en), film show
finden, find
der Finger (–), finger
die Firma (*pl.* Firmen), firm
die Flasche (–n), bottle
fliegen, fly
fließen, flow
flirten, flirt
der Flughafen (–), airport
der Flur (–e), hall
der Fluß (–e), river
die Frage (–n), question
fragen, ask
(das) Frankreich, France
die Frau (–en), woman; Mrs.
das Fräulein (–), girl; young lady; Miss
(der) Freitag, Friday
die Freude (–n), joy
der Freund (–e), friend
die Freundin (–nen), (*girl*) friend
frisch, fresh
die Frucht (–e), fruit
früh, early
der Frühling, spring
die Frühlingsblume (–n), spring flower
das Frühstück (–e), breakfast
führen, lead
der Füllhalter (–), fountain pen
fünf, five
fünfzehn, fifteen
funktionieren, work
für, for
was für, what kind of
für sich, by itself; separate

furchtbar, dreadfully
der **Fuß** (⸚e), foot
der **Fußball** (⸚e), football
das **Fußballspiel** (–e), football match
der **Fußweg** (–e), footpath

GmbH (Gesellschaft mit beschränkter Haftung), Ltd.
der **Gang** (⸚e), corridor
ganz (*adv.*), quite
(*adj.*), whole
gar, at all
gar nicht, not at all
der **Garten** (⸚), garden
das **Gebäude** (–), building
geben, give
gebrauchen, use
gebraucht, second hand
der **Geburtstag** (–e), birthday
der **Geburtstagsausflug** (⸚e), birthday trip
das **Geburtstagsgeschenk** (–e), birthday present
der **Geburtstagskuchen** (–), birthday cake
gefährlich, dangerous
gefallen (+ *dat.*), please
gegen, against
die **Gegend** (–en), area
gehen, go
    die Uhr geht nach, the clock is slow
    das geht nicht, that won't do
gehören, belong
das **Geländer** (–), banister
gelb, yellow
das **Geld** (–er), money
gelegentlich, occasionally
gelehnt, leaning
geliefert, delivered
das **Gemüse,** vegetable(s)
der **Gemüsehändler** (–), greengrocer
die **Gemüsehandlung** (–en), greengrocer's
genau, exactly
genug, enough
das **Gepäck** (–e), luggage
die **Gepäckannahme,** registered-luggage counter

der **Gepäckträger** (–), porter
gerade (*adv.*), exactly; just
(*adj.*), straight
gern(e), gladly
    ich esse gern, I like eating
gern haben, like
der **Gesamtplan** (⸚e), general plan
der **Geschäftsmann** (–leute), business man
das **Gesicht** (–er), face
gesperrt, closed
das **Gespräch** (–e), conversation
gestern, yesterday
das **Getränk** (–e), drink
gewinnen, win
gewiß, certain
es **gibt,** there is; there are
die **Gitarre** (–n), guitar
das **Glas** (⸚er), glass
glauben, believe
gleich, straight away
das **Gleis** (–e), track
glücklich, happy; lucky
glücklicherweise, luckily
gnädige Frau, madam
das **Gras,** grass
grau, grey
das **Graubrot** (–e), wholemeal loaf; wholemeal bread
die **Grenze** (–n), border
groß, big
großartig, great; smashing
(das) **Großbritannien,** Great Britain
grün, green
der **Guß** (⸚e), glaze
gut, good
    guten Appetit!, enjoy it
    guten Morgen!, good morning

das **Haar** (–e), hair
haben, have
    ich habe Hunger, I'm hungry
    ich habe etwas vor, I've something planned
der **Hahn** (⸚e), tap
halb, half
die **Halle** (–n), (*public*) hall
hallo! hello; hey!
halten, stop; hold
das **Hammelfleisch,** mutton

die **Hand** (⁼e), hand
der **Handschuh** (–e), glove
   hängen, hang
   häßlich, ugly; horrid
die **Hauptrolle** (–n), main part
   hauptsächlich, mainly
die **Hauptstraße** (–n), main street
das **Haus** (⁼er), house
   nach Hause, (*towards*) home
   zu Hause, at home
die **Haustür** (–en), front door
   heben, lift
   heiß, hot
   heißen, be called
     wie heißen Sie? what's
      your name?
die **Heizungsanlage** (–n), central
   heating installation
   hell, bright
   herausholen, get out
   heraustragen, carry out
   herausziehen, pull out
der **Herbst,** autumn
der **Herd** (–e), cooker
   hergelaufen, running up
der **Herr** (–en), gentleman; Mr.
die **Herrenartikel** (*masc. plural*),
   men's wear
   herrlich, splendid
   hervorragend, outstanding
das **Herz** (–en), heart
   heute, today
     heute abend, tonight
   hier, here
die **Himbeere** (–n), raspberry
der **Himmel** (–), sky
   hinauf, up
   hinein, in
   hinfahren, travel out
sich **hinsetzen,** sit down
   hinstellen, put down
   hinten, at the back
   hinter, behind
der **Hintergrund** (⁼e), background
   hoch, high
   höflich, polite
   höher, higher
   hören, hear; listen
der **Hörer** (–), (*telephone*) receiver
die **Hose** (–n), pair of trousers
   hübsch, pretty

der **Hund** (–e), dog
   der junge Hund, puppy
   hundert, hundred
der **Hut** (⁼e), hat

   ich, I
die **Idee** (–n), idea
   ihm, to him; to it
   ihn, him
   ihnen, to them
   Ihnen, to you
   ihr (*pronoun*), to her; you
     (*adj.*), her; their
   Ihr, your
   immer, always
     immer noch, still
   immerhin, all the same
   indem, as
das **Insekt** (–en), insect
die **Insel** (–n), island
das **Instrument** (–e), instrument
   interessant, interesting
   irgend etwas, anything
   irgendwo(hin), somewhere
(das) **Irland,** Ireland
   ißt (*from* **essen**), eats
   ist, is

   ja (*interj.*), yes
     (*adv.*), certainly; really
die **Jacke** (–n), jacket
das **Jahr** (–e), year
(der) **Januar,** January
   jawohl, yes indeed; that's
   right
   je, each (*adv.*)
   jeder, each (*adj.*); every
   jemand, anyone
     sonst jemand, anyone else
   jetzt, now
   jubeln, rejoice; roar with de-
   light
die **Jugend,** youth
der **Jugendklub** (–s), youth club
(der) **Juli,** July
   jung, young
der **Junge** (–n), boy
(der) **Juni,** June

der **Kaffee,** coffee
die **Kaffeekanne** (–n), coffee pot
das **Kalbfleisch,** veal

178

der **Kalender** (–), calendar
kalt, cold
kann (*from* **können**), can
kaputt, broken
kariert, check
die **Karte** (–n), map
der **Käse,** cheese
die **Kasse** (–n), box-office; cash desk
die **Katze** (–n), cat
kaufen, buy
kaum, scarcely
kein, not a
der **Keller** (–), cellar
der **Kellner** (–), waiter
kennen, know
der **Kerl** (–e), chap
das **Kilo,** kilogram (2¼lb.)
das **Kind** (–er), child
das **Kino** (–s), cinema
die **Kirche** (–n), church
der **Kirschbaum** (∺e), cherry tree
die **Kirsche** (–n), cherry
der **Klang** (∺e), sound
kleben, stick
das **Kleid** (–er), dress
der **Kleiderbügel** (–), coathanger
der **Kleiderschrank** (∺e), wardrobe
klein, little
die **Klimperei,** twanging
klingeln, ring
klingen, sound
kochen, cook
der **Koffer** (–), suitcase
komisch, funny
kommen, come
ich komme mit, I'm coming with you
die **Kondensmilch,** evaporated milk
die **Konditorei** (–en), pastry cook's
das **Königreich** (–e), kingdom
können, can; be able to
er könnte, he could
sich **konzentrieren auf** (+ *acc.*), concentrate on
der **Kopf** (∺e), head
der **Korb** (∺e), basket
kosten, cost
das **Kostüm** (–e), woman's suit

der **Krach** (–e), crash; row
es gibt Krach, there's a row
der **Kreis** (–e), circle; ring
der **Krieg** (–e), war
krumm, bent
die **Küche** (–n), kitchen
der **Kuchen** (–), cake
die **Küchentür** (–en), kitchen door
die **Kuckucksuhr** (–en), cuckoo clock
der **Kugelschreiber** (–), ball-point
der **Kühlschrank** (∺e), refrigerator
der **Kunde** (–n), customer

der **Laden** (∺), shop
der **Ladentisch** (–e), counter
die **Lampe** (–n), lamp
das **Land** (∺er), country
auf dem Lande, n the country
landen, land
die **Landschaft** (–en), landscape
lang, long
langsam, slow
langweilig, boring
der **Lärm** (–e), noise
lassen, leave
laufen, run
die **Laune** (–n), mood
laut, loud
läuten, ring
der **Lautsprecher** (–), loudspeaker
die **Lebensmittel** (*pl.*), provisions
die **Leberwurst** (∺e), liver sausage
das **Leder,** leather
ledern, leather
leer, empty
legt...auf, puts back
der **Lehnstuhl** (∺e), armchair
das **Lehrbuch** (∺er), tutor; manual
leider, unfortunately
die **Leiter** (–n), ladder
lernen, learn
lesen, read
letzt, last
die **Leute** (*pl.*), people
lieb, dear
ach du liebe Zeit!, good heavens
die **Liebe,** love
lieber, preferably

ich habe lieber, I prefer
ich habe am liebsten, I like
  best
Lieblings-, favourite
der Lieblingschauspieler (–),
  favourite actor
das Lied (–er), song
liefern, deliver
der Lieferwagen (–), van
liegen, lie
liegenlassen, leave lying
der Liegestuhl (–e), deck chair
liest (*from* lesen), reads
die Linie (–n), line
links, on the left
links von, to the left of
der Löwe (–n), lion

machen, make; do
das Mädchen (–), girl
(der) Mai, May
das Mal (–e), time
mal, just; times
man, one; people
manchmal, sometimes
der Mann (–er), man
die Mannschaft (–en), team
der Mantel (–), coat
die Mappe (–n), briefcase
die Mark, mark (*coin*)
der Marktplatz (–e), market place
(der) März, March
das Mehl, flour
mehr, more
  nicht mehr, no longer
mein, my
meinen, mean; say; be of the
  opinion
die Meinung (–en), opinion
meist, most
  die meisten..., most of the
  . . .
melancholisch, melancholy
die Menge (–n), crowd; lot
der Metzger (–), butcher
die Metzgerei (–en), butcher's
  shop
mich, me
mieten, hire
die Milch, milk
die Minute (–n), minute
mir, to me

mit, with
der Mittag, noon
das Mittagessen (–), lunch
mittags, at midday
die Mitte, middle
die Mitternacht, midnight
(der) Mittwoch, Wednesday
das Möbel (–), piece of furniture
der Möbelwagen (–), furniture van
mögen, like; want; be possible
möchte, would like
möglich, possible
der Monat (–e), month
(der) Montag, Monday
morgen, tomorrow
der Morgen (–), morning
die Mosel, River Moselle
das Motorboot (–e), motor boat
müde, tired
der Mülleimer (–), dustbin
der Mund (–e), mouth
die Musik, music
müssen, must
die Mutter (–), mother
Mutti (*familiar*), mother

na, well
nach, towards; after; according to
nach unten, downstairs
der Nachbar (–n), neighbour
nachher, afterwards
der Nachmittag (–e), afternoon
nachmittags, in the afternoon
die Nachricht (–en), piece of news
nächst, next
nachts, at night
der Nachttisch (–e), bedside table
in der Nähe, nearby
der Name (–n), name
die Narzisse (–n), daffodil
die Nase (–n), nose
naß, wet
natürlich, of course
neben, near
der Nebenfluß (–e), tributary
nehmen, take
nennen, name; call
nervös, nervous
  immer nervöser, more and
  more nervous
nett, nice

das **Netz** (–e), string bag; net
neu, new
  neu eingezogen, recently moved in
neun, nine
neunzehn, nineteen
nicht, not
  nicht wahr? isn't it?
nichts, nothing
nie, never
nimmt (*from* **nehmen**), takes
noch, still; yet
  noch etwas, some more
  noch zwei, two more
der **Norden,** north
das **Notizbuch** (¨er), notebook
(der) **November,** November
null, nought
die **Nummer,** number
nun, now
  nun also . . ., right then . . .
  von nun an, from now on
nur, only
nützen, be of use
  was nützt es mir? what use is it to me?

ob, whether; (*beginning a question*) I wonder if . . .
oben, upstairs; on top
  hier oben, up here
die **Obstsorte** (–n), kind of fruit
die **Obsttorte** (–n), fruit flan
obwohl, although
oder, or
sich **öffnen,** open
oft, often
ohne, without
das **Ohr** (–en), ear
(der) **Oktober,** October
das **Öl** (–e), oil
die **Orange** (–n), orange
der **Osten,** east
  östlich, east
der **Ozean** (–e), ocean

das **Paar** (–e), pair
  ein paar, a few
das **Päckchen,** packet
  packt. . . ein, packs up
das **Paket** (–e), packet
die **Palme** (–n), palm tree
der **Pantoffel** (–), slipper

der **Park** (–e), park
das **Parkett,** stalls
  I. (II.) Parkett, back (front) stalls (*in cinema*)
die **Pause** (–n), pause; interval
  Pause machen, have a rest
das **Personal,** personnel; staff
der **Pfeffer,** pepper
die **Pfeife** (–n), pipe
der **Pfennig** (–e), pfennig
der **Pfirsich** (–e), peach
die **Pflanze** (–n), plant
das **Pfund** (–e), pound
das **Picknick** (–s), picnic
der **Plan** (¨e), plan
die **Platte** (–n), record
der **Plattenspieler** (–), record player
der **Platz** (¨e), room
  plaudern, chat
  plombieren, fill (*a tooth*)
  plötzlich, suddenly
der **Polizist** (–en), policeman
die **Post,** post
  auf die Post geben, post
das **Postamt** (¨er), post office
der **Postbeamte** (*a.n.*), post-office official
die **Postkarte** (–n), postcard
eine **Praline** (–n), a chocolate
  prima!, jolly good!
die **Privatwohnung** (–en), private residence
  pro, per
  probieren, try out
das **Programm** (–e), programme
der **Pullover** (–), pullover
  pünktlich, punctual

die **Querstraße** (–n), crossroads; road that crosses

das **Rad** (¨er), bicycle
der **Radioapparat** (–e), radio set
der **Rang** (¨e), circle (*in cinema*)
  rauchen, smoke
die **Rechnung** (–en), bill
recht, very
  recht vielen Dank, thanks very much
  das ist mir recht, that's OK by me

rechts, on the right
rechts von, to the right of
der Rechtsaußen (–), outside
right
der Regenmantel (–̈), raincoat
regnen, rain
reichen, pass
die Reihe (–n), row
Sie sind an der Reihe, it's
your turn
das Reisebüro (–s), travel agency
der Reisekoffer (–), trunk
der Reisende (a.n.), traveller
reparieren, repair
die Republik (–en), republic
reserviert, reserved
der Rhein, River Rhine
der Rheinwein (–e), hock; Rhine
wine
die Richtung (–en), direction
Riesen-, giant (adj.)
das Rindfleisch, beef
ringsherum, round about
der Rollschuh (–e), roller skate
Rollschuh laufen, roller
skate
romantisch, romantic
die Rose (–n), rose
rostfrei, stainless; rustless
rot, red
die Rückfahrkarte (–n), return
ticket
das Ruder (–), oar
das Ruderboot (–e), rowing boat
rudern, row
rufen, call
ruhig, quiet; safely
das Rührei (–er), scrambled egg
der Russe (–n), Russian
rutschen, slip

der Saal (pl. Säle), (public) hall
die Sache (–n), thing
der Sack (–̈e), sack
sagen, say
sag mal, tell me
das Salz, salt
sammeln, collect
(der) Samstag, Saturday
der Satz (–̈e), sentence; clause
die Schachtel (–n), (cardboard) box
der Schäferhund (–e), sheepdog

der Schaffner (–), conductor
der Schalter (–), counter
das Schaltjahr (–e), leap year
das Schaufenster (–), shop window
die Scheibe (–n), slice
der Schein (–e), (bank)note
scheinen, shine
schick, smart
schießen, shoot
das Schild (–er), sign
der Schlaf, sleep
schlafen, sleep
das Schlafzimmer (–), bedroom
die Schlagsahne, whipped cream
der Schlagzeuger (–), drummer
die Schlange (–n), snake
Schlange stehen, queue up
schlecht, bad
schließen, shut
schließlich, finally
der Schlips (–e), tie
schmecken, taste (good)
der Schnee, snow
schneien, snow
schnell, quick
die Schnellstraße (–n), fast trunk
road
der Schnürsenkel (–), shoe lace
die Schokolade, chocolate
schon, already
ich komme schon, I'm just
coming
schon wieder, yet again
schön (adj.), nice; beautiful
(interj.), right!
der Schrank (–̈e), cupboard
schrecklich, dreadful
schreiben, write
der Schreibblock (–̈e), writing
pad
die Schreibmaschine (–n), type-
writer
der Schreibtisch (–e), desk
der Schreibwarenhändler (–),
stationer
schreien, yell
der Schuh (–e), shoe
die Schule (–n), school
die Schulter (–n), shoulder
schwarz, black
das Schwarzbrot (–e)
black bread

das **Schweinefleisch,** pork
die **Schweiz,** Switzerland
schwer, heavy
die **Schwester** (–n), sister
schwierig, difficult
schwimmen, swim
sechs, six
sechzehn, sixteen
sechzig, sixty
die **See** (–n), sea
der **See** (–n), lake
sehen, see; look
sehr, very
die **Seife,** soap
sein (*verb*), be
sein (*adj.*), his; its
seit, since; for
seit langem, for a long time
die **Seite** (–n), side
selbständig, independent
die **Sendung** (–en), broadcast
(der) **September,** September
er **setzt sich...hin,** he sits down
sich, (to) him–, her–, it–, yourself, themselves
sicher, certainly; to be sure; safe
sie, she; her; they; them
Sie, you
sieben, seven
siebzehn, seventeen
sind, are
sitzen, sit
der **Skat,** skat (German card game)
so, thus
so ein, that sort of
so (et)was, that sort of thing
sobald, as soon as
sofort, immediately
sogar, even
sogenannt, so-called
der **Sohn** (⸚e), son
sollen, is to; shall; is supposed to; ought
sollte, should
der **Sommer,** summer
der **Sommertag** (–e), summer's day
sondern, but (*on the contrary*)
(der) **Sonnabend,** Saturday
die **Sonne** (–n), sun

die **Sonnenbrille** (–n), pair of sun-glasses
(der) **Sonntag,** Sunday
sonst, otherwise; else
sonst noch etwas, anything else
sowieso, in any case
(das) **Spanien,** Spain
spannend, exciting
sparen, save
das **Sparschwein** (–e), piggy bank
spät, late
wie spät ist es? what time is it?
der **Spaziergang** (⸚e), walk
der **Spediteur** (–e), furniture remover
die **Sperre** (–n), barrier
das **Spiegelei** (–er), fried egg
spielen, play; act
der **Spieler** (–), player
er **spielt... mit,** he takes part
die **Spinne** (–n), spider
sprechen, speak
die **Sprechstunden** (*pl.*), surgery hours
das **Sprechzimmer** (–), consulting room; surgery
er **springt...auf,** he jumps up
der **Sprinter** (–), sprinter
die **Spritze** (–n), injection
das **Spülbecken** (–), sink
die **Stadt** (⸚e), town
der **Stahl,** steel
die **Stange** (–n), rail; pole
stark, strong
stecken, put
stehen, stand
(+ *dat.*), suit
er **steht...auf,** he stands up
stehenlassen, leave standing
steigen, climb
er **steigt....aus,** he gets out
die **Stelle** (–n), place
an erster Stelle, first
stellen, put
die **Stenotypistin** (–nen), shorthand typist
die **Stimme** (–n), voice
der **Stock** (–), storey
das **Stockwerk** (–e), storey
das **Stopplicht** (–er), brake light

die **Strafe** (–n), punishment; fine
der **Strand** (–e), beach
die **Straße** (–n), street
    Straße gesperrt, road closed
der **Straßenarbeiter** (–), navvy;
    road-mender
die **Straßenbahn** (–en) tram
die **Straßenbahnhaltestelle** (–n),
    tram stop
das **Streichholz** (–̈er), match
der **Streifen** (–), strip; stripe
    stricken, knit
die **Strickjacke** (–n), cardigan
der **Strumpf** (–̈e), stocking
das **Stück** (–e), piece; coin
    studieren, study
der **Stuhl** (–̈e), chair
die **Stunde** (–n), hour
die **Stundenkilometer** (*pl.*)
    kilometres per hour
    stundenlang, for hours
die **Sturmwolke** (–n), storm cloud
    suchen, look for
der **Süden**, south
die **Südfrucht** (–̈e), tropical fruit
der **Supermarkt** (–̈e),
    supermarket
die **Süßigkeiten** (*pl.*), sweets; con-
    fectionery

die **Tafel** (–n), block
der **Tag** (–e), day
der **Tannenbaum** (–̈e), fir-tree
die **Tante** (–n), aunt
    tanzen, dance
die **Tanzkapelle** (–n), dance band
die **Tasse** (–n), cup
    tatsächlich, really
    tausend, thousand
das **Taxi** (–s), taxi
der **Teil** (–e), part
das **Telegramm** (–e), telegram
das **Telephon** (–e), telephone
    telephonieren, telephone
der **Teller** (–), plate
die **Theke** (–n), bar counter
die **Thermosflasche** (–n),
    thermos
der **Tisch** (–e), table
der **Titel** (–), title
    tja, hm; well
die **Tochter** (–̈), daughter

die **Toilette** (–n), toilet
    toll, terrific
die **Tomate** (–n), tomato
der **Topf** (–̈e), pan
das **Tor** (–e), goal
die **Torte** (–n), flan
der **Tortenboden** (–), flan case
    tragen, wear; carry
    traurig, sad
    trennbar, separable
die **Treppe** (–n), staircase
    trinken, drink
das **Trinkgeld** (–er), tip
    trotz (+ *gen.*), in spite of
    tun, do
die **Tür** (–en), door
die **Tüte** (–n), (*paper*) bag

    üben, practise
    über, over; above
    überall, everywhere
    überglücklich, blissfully
    happy
    überhaupt, at all
    übermorgen, the day after
    tomorrow
    überqueren, cross
    übrig, left
    nicht viel übrig haben,
    not to care much (for)
das **Ufer** (–), bank
die **Uhr** (–en), clock; watch
    neun Uhr, nine o'clock
der **Uhrmacher** (–), watchmaker
    um, at; round
    um... (+ *gen.*) **willen**, for
    .... sake
    um... **zu**, in order to...
der **Umschlag** (–̈e), envelope
    umziehen, move (house)
    unartig, naughty
    unbedingt, definitely ·
    und, and
    unerhört, outrageous
die **Uniform** (–en), uniform
    unmöglich, impossible
    unpraktisch, impractical
    uns, us; to us
    unschuldig, innocent
    unten, downstairs; at the bot-
    tom
    unter, under

unterbrechen, interrupt
der Unterschied (–e), difference
unterstrichen, underlined
die Unterwäsche, underwear
der Urlaub, leave; holiday
usw. (und so weiter), etc.

der Vater (–), father
Vati (*familiar*), father
die Verabredung (–en), appoint-
ment; date
verbessern, correct
verbringen, spend
verbunden, connected
vereinigt, united
vergessen, forgotten
verkaufen, sell
der Verkäufer (–), assistant
der Verkehr, traffic
die Verkehrsampel (–n), traffic
light
das Verkehrsschild (–er), traffic
sign
die Verkehrsstockung (–en),
traffic jam
verlassen, leave
verlieren, lose
vermieten, hire out
verstehen, understand; know
how to
versuchen, try
verursachen, cause
Verzeihung!, I'm sorry;
excuse me
der Vetter (–n) (*gen. sing.* –s),
cousin
viel, much
vielleicht, perhaps
vier, four
viereckig, rectangular; square
das Viertel (–), quarter
das Viertelpfund (–), quarter
pound
vierzehn, fourteen
voll, full
voller, full of
völlig, completely
von, of; from
vor, in front of; before
ich habe etwas vor, I've
got something planned
vorbei, past

an.... vorbei, past
voreilig, hasty
vorgestern, the day before
yesterday
vormittags, in the morning
vorne, at the front
die Vorstellung (–en),
performance
der Vorteil (–e), advantage
der VW (*abbrev.*), Volkswagen

die Waage (–n), scales
wachsen, grow
der Wagen (–), car
das Wagenfenster (–), car window
während (*conj.*), whilst
(*prep.* + *gen.*) during
wahrscheinlich, probably
der Wald (–er), wood
die Wand (–e), wall
war, was
wie wäre es mit...?, how
about...?
das Warenhaus (–er), department
store
warten, wait
die Wartezeit (–en), period of
waiting
das Wartezimmer (–), waiting
room
warum, why
was, what
was für, what sort of
das Waschbecken (–), wash basin
das Waschpulver (–), washing
powder
die Waschmaschine (–n), washing machine
der Wasserfall (–e), waterfall
der Wecker (–), alarm clock
weg, gone; away
wegen (+ *gen.*), because of
wegnehmen, take away
o weh!, oh dear!
(einem) weh tun, hurt (*someone*)
weil, because
der Wein (–e), wine
weiß, white
weit, far
welcher, which
der Weltkrieg (–e), world war

185

wem, to whom
wen, whom
wenn, when; if
wer? who?
werden, become; will
werfen, throw
der **Westen,** west
wetten, bet
das **Wetter,** weather
wider, against
wie, as
wie? how?
wieder, again
auf **Wiederhören,** goodbye (*on phone*)
auf **Wiedersehen,** goodbye
wiegen, weigh
wieso? what do you mean?
wieviel, how much
   wieviel Uhr ist es? what time is it?
   der **Wievielte ist heute?** what is the date?
windig, windy
der **Winter,** winter
wir, we
wird (*from* **werden**), becomes
wirklich, really
das **Wirtshaus** (⸚er), inn; pub
wissen, know
wo, where
die **Woche** (–n), week
woher, from where
   woher wissen Sie? how do you know?
wohin, to where
wohl, of course; I suppose
der **Wohnblock** (⸚e), block of flats
wohnen, live
wohnlich, comfortable (for living)
die **Wohnung** (–en), flat
der **Wohnwagen** (–), caravan
das **Wohnzimmer** (–), living room
die **Wolke** (–n), cloud
wolkenlos, cloudless

wolkig, cloudy
wollen, want
womit? with what?
womöglich, where possible
woraus, (out) of what
das **Wort** (–e, ⸚er), word
wunderbar, wonderful
wunderschön, wonderful
die **Wurst** (⸚e), sausage
die **Wurstbude** (–n), sausage stall

der **Zahn** (⸚e), tooth
der **Zahnarzt** (⸚e), dentist
das **Zahnweh,** toothache
der **Zeh** (–en) (*gen. sing.* –s), toe
zehn, ten
zeigen, show
die **Zeit** (–en), time
die **Zeitung** (–en), newspaper
das **Zelt** (–e), tent
zelten, camp
die **Zentralheizung,** central heating
zerbrechen, smash
die **Ziehharmonika** (–s), accordion
er **zieht...an,** he puts...on
ziemlich, fairly
das **Zimmer** (–), room
zu, to; too
   zu Boden, to the floor
der **Zucker,** sugar
zuerst, first of all
der **Zug** (⸚e), train
zugestiegen, boarded
zurück, back
zurückfahren, travel back
zurückkommen, come back
zurücklaufen, run back
zusammen, together
zusammenstellen, put together
zwanzig, twenty
zweieinhalb, two and a half
zweimal, twice
zwischen, between
zwo, two
zwölf, twelve

Kreuzworträtsel Nr. 1.

Kreuzworträtsel Nr. 2.

Kreuzworträtsel Nr. 3.

GRAMMAR INDEX

Figures in heavy type refer to Grammar Surveys; those in light type to Grammar Notes